Fabian Brand

Advent und Weihnachten feiern

HERDER

GROSSE WERKBÜCHER

Fabian Brand

Advent und Weihnachten feiern

Gottesdienste, Ideen und Impulse

Mit CD-ROM

HERDER

FREIBURG · BASEL · WIEN

MIX
Papier aus verantwortungsvollen Quellen
FSC® C005833

www.herder.de

Umschlagkonzeption: Finken und Bumiller, Stuttgart
Umschlaggestaltung: Verlag Herder
Satz- und CD-ROM-Gestaltung: SatzWeise GmbH, Trier
Herstellung: Těšínská Tiskárna a.s., Český Těšín

Printed in Czech Republic
ISBN 978-3-451-32147-4

Inhalt

Vorwort

»Der Geburtstag des Herrn ist auch
der Geburtstag des Friedens.«

Leo der Große, †461

Die alljährliche Feier des Advents und der Weihnachtszeit gehört sicher zu einem der Höhepunkte des ganzen Kirchenjahres. Keine Zeit ist so eng mit unzähligen Bräuchen und Gewohnheiten verbunden, aber auch oft so voll mit Verpflichtungen und Vorbereitungen, die noch erledigt werden müssen. Da tut es gut, sich immer aufs Neue Freiräume zu schaffen, um innerlich gut gerüstet Weihnachten feiern zu können. Hierzu möchte dieses Buch eine kleine Hilfe sein.

Ein Großteil der Texte ist in dem Land entstanden, in dem sich das Wunder der Weihnacht ereignet hat. Sie sind zu einer Zeit geschrieben worden, in der die Sehnsucht nach Frieden wieder einmal so unglaublich groß war.

Mein Dank gilt denen, die mich während der Entstehungszeit dieses Buches begleitet und so zu seinem Werden beigetragen haben. Ihnen sei es besonders zugeeignet, Kommilitonen, Freunden und Wegbegleitern!

Jerusalem/Würzburg, Aschermittwoch 2016 *Fabian Brand*

Zur Einführung

Das Buch soll nicht nur denen eine Hilfe sein, die in der Gottesdienstvorbereitung geübt sind, sondern auch jenen, die sich nur ehrenamtlich engagieren oder sich zum ersten Mal mit dieser Thematik auseinandersetzen. Der Einfachheit halber findet sich deshalb bei den *Gottesdienstmodellen für die Advents- und Weihnachtszeit* alles an Ort und Stelle:

- eine kurze Einführung in den Gottesdienst, die meist einen thematischen Inhalt aufgreift;
- Kyrie-Rufe, die mit einem entsprechenden Ruf aus dem Gotteslob (GL 154–157) ergänzt werden können;
- Impulse für eine Ansprache, die sich an den biblischen Texten bzw. einem Thema orientieren;
- Fürbitten (Antwortrufe finden sich im GL 181);
- Meditationen, die bspw. nach der Kommunionspendung und einer kurzen Stille gelesen werden können.

Als Ergänzung sind die jeweiligen liturgischen Texte aus dem Messbuch bzw. dem Messlektionar zu verwenden. Passende Gesänge können aus dem Gotteslob ausgewählt werden; unter den Rubriken Advent und Weihnachten ist eine reiche Auswahl vorhanden.

Für die *Bildbetrachtungen* scheint es hilfreich zu sein, die Bilder auszudrucken und für die Gottesdienstbesucher als Handzettel zu kopieren. Kopiervorlagen zu allen Bildern befinden sich auf der CD-ROM. Bei den *Liedbetrachtungen* kann das entsprechende Lied entweder am Anfang oder am Ende jeweils in Gänze gesungen werden. Freilich bietet sich auch die Möglichkeit, die einzelnen Strophen verteilt zu singen, wie es im Vorschlag in Klammern angemerkt ist. Am Ende kann dann trotzdem noch einmal das ganze Lied angestimmt werden.

Die *Schriftmeditationen* zu den Tagen der Advents- und Weihnachtszeit orientieren sich an den Bibeltexten, die für die liturgische Feier vorgegeben sind. Sie können zur privaten Betrachtung der Schrifttexte dienen und näher zum Geheimnis der Weihnacht hinführen. Sie können aber auch mühelos zu einer kleinen Andacht, wie zum Beispiel einer Früh- oder Spätschicht, ausgebaut werden. Hierzu sei folgender Ablauf vorgeschlagen:

- Lied zum Beginn
- Schrifttext
- Meditation
- Stille
- Vaterunser
- Lied zum Abschluss

Zu den Sonn- und Festtagen können die Meditationen aus den Gottesdienstmodellen mit den entsprechenden Schriftstellen verwendet werden.

Natürlich sind der eigenen Kreativität keine Grenzen gesetzt! Die Texte wollen Anregung sein und sind keineswegs unveränderlich. So kann es durchaus hilfreich sein, Impulse auf ein aktuelles Ereignis hin anzupassen oder die Vorschläge so abzuändern, dass sie auch der eigenen Gemeindesituation entsprechen.

I. Gottesdienstmodelle für die Adventszeit

»Geht nach Betlehem ...«

1. Erster Adventssonntag

»Wir sagen euch an ...«

Einzug (GL 223,1: »Wir sagen euch an den lieben Advent«)

Einführung

Wir stehen am Beginn einer »neuen Zeit«: Es ist Advent geworden. Die Dinge haben sich gewandelt. Die liturgische Farbe ist nicht mehr Grün, sondern Violett. Die Lieder, die wir singen, handeln von Erwartung und Sehnsucht, aber auch von übergroßer Freude. Im Dunkel der Nacht strahlt uns bereits heute das erste kleine Licht auf und weist uns den Weg. Noch ist er weit, noch stehen wir ganz am Anfang. Aber wir kennen sein Ziel. Wir wissen, dass es sich lohnt, ihn zu gehen. Doch er fordert manche Verwandlung auch an uns und in uns. Damit wir diese neue Zeit nicht ungenutzt verstreichen lassen, machen wir uns das immer wieder bewusst: Advent ist Wandlungszeit.

Kyrie-Rufe I

Herr Jesus Christus, du bist der Herr über Zeit und Ewigkeit.

Du kündigst dich an, damit wir dich nicht unbedacht empfangen.

Du kommst in unsere Welt, um alles zu verwandeln.

Kyrie-Rufe II (Mt 24,29–44)

Herr Jesus, am Ende der Zeiten wirst du kommen, die Welt zu retten.

Du lehrst uns, die Zeichen der Zeit zu deuten, um deine Ankunft nicht zu verpassen.

Du triffst zu unbekannter Stunde bei uns ein und erwartest, dass wir für dich bereit sind.

Impuls für eine Ansprache I (Mt 24,29–44; Mk 13,24–37)

»Na, auch schon ausgeschlafen?« Diese Frage habe ich gerne immer etwas provokativ einem Freund gestellt. Von ihm wusste ich, dass er morgens mit Freude länger im Bett bleibt und keiner ist, der sprichwörtlich schon mit den Hühnern aufsteht. Abends spät ins Bett und am nächsten Tag dafür erst zum Mittagessen raus aus den Federn – so geht es vielen Menschen, die mit Vorliebe nachts unterwegs oder an der Arbeit sind. Sie machen die Nacht zum Tag, sitzen oft bis in die frühen Morgenstunden am Schreibtisch, weil sie erst zu wirklichen Höchstleistungen auflaufen, wenn der Mond am Himmel steht. Schwierig wird es dann oft am nächsten Morgen. In der Frühe schon wieder präsent und wach zu sein fällt schwer, es fehlt einfach der nötige Schlaf. Manch einer mag dann bereuen, am Vortag nicht eher ins Bett gegangen zu sein. Doch muss unseren »Nachteulen« auch eines zugutegehalten werden: Während andere schon längst schlafen, sind sie eben in der Nacht wach und bereit.

Wach und wachsam zu sein ist oft schwer. Schnell driften wir ab, nur mühsam können wir uns wirklich lange auf eine Sache konzentrieren. Aus eigener Erfahrung könnten wir jetzt zig Beispiele aufzählen: angefangen in der Schule beim Unterricht, der manches Mal nicht gerade spannend war, bis hin zu unzähligen monotonen Sitzungen. Wenn es immer nur Dinge zu hören gibt, die wir schon lange wissen oder uns zu lange dauern, begeben wir uns auf Gedankenreise. Dann sind wir nur noch körperlich anwesend und geistig irgendwo unterwegs. Dann zieht alles an uns vorbei und von dem, was vielleicht wichtig ist, bekommen wir nichts mit. Aber sei's drum. Vielleicht liegt es einfach in der Natur des Menschen, dass uns das Wachsein in manchen Situationen so schwerfällt.

Um diese Schwäche der Menschen hat auch Jesus schon gewusst. Nicht umsonst ermahnt er seine Jünger mit den Worten: »Seht euch also vor, und bleibt wach!« Da geht es aber nicht darum, die Jünger zu nächtlicher Stunde vom Schlaf abzuhalten oder sie zu Workaholics zu machen, die Tag und Nacht durcharbeiten. Pausen sind wichtig, das war Jesus bekannt und das legt er seinen Jüngern auch mehrmals ans Herz. Es geht Jesus vielmehr um Wachsamkeit, um das Bereitsein, wenn Entscheidendes geschieht. Im Gleichnis zeigt er das deutlich: Der Hausherr soll die Diener nicht schlafend antreffen, der Türhüter muss wachsam sein. Doch auch hier steht nicht in erster Linie das Ankämpfen gegen das körperliche Bedürfnis des Schlafes im Mittelpunkt. Es ist eher die innere Haltung, die zählt. Immer bereit sein, dass der Hausherr kommt, jede Sekunde damit rechnen, dass er vor der Tür stehen könnte. Das fordert auch die entsprechende Einstellung von den Dienern. Wer nur vom Heute ins Morgen lebt und immer damit rechnet, dass der Herr morgen und nicht an diesem Tag kommt – der ist nicht bereit, wenn er dann doch plötzlich heute schon an die Tür klopft. Der ist vom Kommenden überrumpelt, dem fehlen die Worte, dem verschlägt es vor Überraschung die Sprache.

Damit es uns nicht so ergeht, gibt es die Adventszeit. Sie ist die Vorbereitungszeit, die uns auf das Kommen unseres Herrn einstellen will. Damit wir nicht vom Kommen Gottes in unsere Welt überrascht werden, ist es nötig, sie ausgiebig zu nutzen. Vielleicht auch, um das zu tun, was uns das heutige Evangelium ans Herz legt: wachsam sein. So vieles gibt es in diesen Tagen bis Weihnachten noch zu tun. So vieles lenkt uns ab, fordert unseren Einsatz und unseren Eifer. Doch gönnen wir uns auch Minuten oder Stunden der Auszeit, um uns einmal ganz bewusst auch innerlich auf Weihnachten einzustellen. Trainieren wir auch unsere Wachsamkeit Gott gegenüber. Wo begegnen wir ihm in unserem Alltag? Wo taucht er auf, wo wir gar nicht mit ihm rechnen? Auch das will uns der Advent Jahr für Jahr lehren: offen zu werden für Gott, wach genug, um ihn in unserer Welt immer wieder wahrzunehmen. Wenn wir das befolgen, dann steht auch Weihnachten nicht urplötzlich vor der Tür. Dann können wir mit bereitem und wachem Herzen nach Betlehem eilen, Gott empfangen und ihn bei uns aufnehmen. Dann sind wir wach für ihn, ob am hellen Tag oder in der tiefsten Nacht.

Impuls für eine Ansprache II (Jer 33,14–16; Lk 21,25–28.34–36)

Wieder einmal war es groß angekündigt. Viele Menschen hatten Angst und sorgten sich. Was wird sein, wenn es wirklich stimmt? Wenn die Welt jetzt tatsächlich untergeht? Mehrere solcher Weltuntergänge waren in den letzten Jahren vorhergesagt worden. Am 21. Dezember 2012 sollte es dann endgültig so weit sein. Das Ende des Maya-Kalenders sei hierfür ein untrügliches Zeichen gewesen. Doch wie man sieht: Nichts ist geschehen, die Erde dreht sich weiter – auch heute noch. Und nach wie vor gibt es Spekulationen darüber, wann es denn nun sein wird. Der nächste Weltuntergang kommt bestimmt und damit verbunden auch die nächste große Panikwelle.

Vom Weltuntergang spricht auch der heutige Abschnitt aus dem Lukasevangelium und lenkt damit unseren Blick auf das Ende hin. Allzu schreckliche Ereignisse werden da geschehen: sichtbare Zeichen an den Gestirnen, das Meer wird toben und donnern. Die Menschen werden bestürzt und ratlos zusehen müssen, denn es steht nicht in ihrer Macht, das alles zu verhindern. Ängstlich werden sie der Geschehnisse harren, die da auf sie zukommen. Alles das sind Dinge, die wir selbst schon erfahren durften, als der Weltuntergang angeblich unmittelbar kurz bevorstand. Da geht nicht alles seinen normalen Gang einfach so weiter. Die Menschen tun nicht so, als wäre es wie immer. Sie haben Angst vor dem, was da kommen wird, weil sie nicht wissen, was es sein wird. Sie geraten mehr und mehr in Panik, weil ja das eigene Leben dabei auf dem Spiel steht. Denn wenn die Welt vergeht, bleibt auch das eigene Dasein nicht. Deshalb ist mit dem Untergang der Welt auch das Abschiednehmen verbunden. Abschied von den ganz alltäglichen Dingen, Abschied von der so lieb gewonnenen Erde, Abschied vom eigenen Leben hier auf diesem Globus. Dann geht es uns so, wie den Menschen im Evangelium: Aus Angst vergehen sie.

Die Furcht vor dem Weltuntergang ist mit Sicherheit begründet. Wer geht schon gerne bewusst auf den eigenen Tod zu? Wer nimmt schon mit Freuden Abschied von dieser Erde? Als Christen leben wir in der Erwartung der kommenden Welt. Das bekennen wir nicht nur in unserem Glaubensbekenntnis, das erleben wir auch jetzt ganz bewusst wieder. Die Adventszeit ist die Vorbereitungszeit auf das Kommen des Herrn in diese unsere Welt. Sein erstes Kommen hat sich damals in Betlehem ereignet. Das feiern wir Jahr für Jahr an Weihnachten. Das zweite Kommen, das er uns zugesagt hat, erwarten wir voll Zuversicht. Mit diesem neuerlichen Kommen Christi ist aber zugleich auch das Ende der alten Welt verbunden. Dann tritt das ein, wovon Lukas uns hier berichtet. Unser Kosmos wird untergehen, alles Alte muss weichen. Dann wird der Menschensohn in Macht und Herrlichkeit erscheinen. Dann wird alles neu werden, der neue Himmel und die neue Erde entstehen und Christus alles in allem sein.

Weil am Ende dieser Welt nicht der Untergang alles Lebendigen steht, sondern seine Rettung und Erneuerung, brauchen wir keine Angst zu haben. In all dem, was uns von außen so Schreckliches bedrängt – Krieg, Terror, Gewalt, Unsicherheiten –, brauchen wir nicht zu verzweifeln. Erhobenen Hauptes dürfen wir nach Christus Ausschau halten, uns aufrichten und voll Hoffnung in die Zukunft blicken. Denn, was da kommt, ist keineswegs etwas Schlimmes und Trauriges, etwas, vor dem man in Angst vergehen müsste. Was uns erwartet, ist der wiederkommende Christus, der sein Reich errichtet: ein Reich der Liebe und des Friedens, der Wahrheit und Gerechtigkeit. Das dürfen wir glaubend und hoffend ersehnen, dafür müssen wir uns bereithalten. Wach und betend müssen wir auf sein Kommen zugehen, da wir sonst die Zeichen der Zeit allzu leicht missdeuten. Damit wir nicht verwundert sind, wenn er plötzlich kommt, sondern damit wir bereit sind, ihn zu empfangen und teilhaben zu dürfen an der neuen, himmlischen Welt.

Impuls für eine Ansprache III

»Geht das nicht ein bisschen schneller?!« Ist Ihnen schon einmal aufgefallen, dass es vielen Menschen zu langsam geht? Alles muss möglichst bald erledigt sein und binnen kürzester Zeit gemacht werden. Beim Autokauf wird ein besonderes Augenmerk darauf gelegt, wie schnell das Vehikel von Null auf Hundert beschleunigt. In wenigen Sekunden muss das geschehen, man hat ja schließlich keine Zeit, erst lange zu warten. Wenn man aufs Gaspedal drückt, muss der Tacho hochschnellen. So einfach ist das. Auch beim Aufgeben einer Bestellung achten viele Kunden darauf, dass die Lieferung möglichst zeitnah erfolgt. Mancher Händler wirbt dann mit Expresslieferung und dem Slogan: »Heute bestellt, morgen schon geliefert.« Am besten aber wäre es wohl, die Ware ist schon da, sobald mir der Gedanke kommt, was ich mir Neues anschaffen möchte. Schnell muss es gehen, die Wartezeit kurz sein. Nur so lassen sich viele Menschen für eine Sache begeistern.

»Geht das nicht ein bisschen schneller?!« Dieser Satz ist mir auch schon einmal im Hinblick auf unsere Adventszeit begegnet. Warum zünden wir denn nicht gleich am ersten Advent alle Kerzen am Adventskranz an? Warum warten wir erst vier Wochen, bis es dann endlich Weihnachten ist? Für viele Menschen ist ein solches Verhalten durchaus unverständlich. Wenn sie heute Lust auf Weihnachten haben, dann ist heute Weihnachten. Dann brennen tatsächlich am ersten Advent schon alle vier Kerzen und die Bescherung ist auch nicht erst am Heiligen Abend, sondern heute. Gerade für die Kinder ist es schwer, dieser Adventszeit einen Sinn abzugewinnen. Für sie kann es auch nicht schnell genug gehen, sie können Weihnachten kaum erwarten. Und auch sie glauben, es schon heute Weihnachten werden zu lassen, wenn sie bereits am 1. Dezember alle Türchen am Adventskalender öffnen. Jeden Tag nur eine Tür aufzumachen ist ja langweilig, das geht auch schneller!

Sind wir doch lieber froh, dass es nicht schneller geht. Dankbar müssten wir eigentlich sein, dass es die Adventszeit gibt. Denn schnell geht es in unserem Leben immer. Vor lauter Hektik und Stress vergessen wir, dass es auch einmal langsam gehen muss. Gerade die stillen Zeiten haben auch ihre Berechtigung und sind unheimlich wichtig, damit das Leben nicht zu einer einzigen Hetzerei verkommt. Wenn wir immer nur Gas geben, rasen wir durch die Landschaft, an unseren Mitmenschen vorbei und haben keine Zeit mehr, ihnen in Ruhe zu begegnen. Dann ist Weihnachten genauso rasant wieder vorbei, wie es da war, und mit großen Schritten geht es schon wieder auf die nächsten Feste zu. Alles im gleichen Tempo, möglichst schnell und am besten noch heute. Denn morgen stehen schon wieder neue Aufgaben an.

Damit es bei uns nicht so ist, dürfen wir den Advent bewusst begehen. Vier Wochen haben wir Zeit, uns auf Weihnachten einzustellen. Wartend und betend dürfen wir Christus entgegengehen, unser Herz bereit machen für seine Ankunft. Dazu ist es aber nötig, auf die Bremse zu treten und warten zu lernen. Vielfach ist es schon eine Schwierigkeit, überhaupt zu warten. Eben nicht alles heute herbeiholen zu können, was einem gerade in den Kopf schießt. Christus kommt nicht, wenn wir es gerne hätten und Zeit für ihn haben. Christus kommt, wenn er es für nötig erachtet, wenn er merkt, dass die Welt für seine Ankunft bereit ist. Wann das ist, das liegt nicht unseren Händen. Das wissen wir schlicht und ergreifend nicht. Deshalb müssen wir warten, Ausschau halten nach ihm, geduldig verharren, bis es irgendwann so weit ist. Die Adventszeit hilft uns, dieses Warten neu einzuüben und zu vertiefen. Sie leitet uns an, mit offenen Augen und offenem Herzen durch diese Welt zu gehen, um die Zeichen der Zeit wahrzunehmen und zu interpretieren. Denn Christus kommt nicht völlig überraschend: Es gibt Zeichen, die auf seine Ankunft verweisen. Aber wir müssen sie sehen und ausdeuten. Und das geht eben nicht, wenn man mit Vollgas an allem vorbeischießt. Dann übersieht man das Wichtige und nimmt nur die Umrisse schemenhaft wahr. Dann geht es zwar schnell – aber schnell ist ja nicht immer gut und ordentlich.

Gönnen wir uns diese vier vor uns liegenden Wochen als Zeit der inneren Vorbereitung auf Weihnachten. Warten wir geduldig, weil sich das Warten lohnt. Gehen wir mit offenen Augen durch diese Welt, durch unseren Alltag und übersehen wir nicht die Zeichen, die die Ankunft Gottes in unserer Welt heute schon anzeigen. Dann können wir Weihnachten dankbar feiern, weil es nicht urplötzlich vor der Tür steht, sondern weil es schon Tag für Tag in unserem Herzen ein Stück Weihnachten mehr geworden ist.

Fürbitten (Mk 13,24–37)

Gott kennt unsere Schwächen, er weiß um unsere Unzulänglichkeit. Zu ihm dürfen wir beten und rufen: *Gott, höre unser Gebet.*

Himmel und Erde werden vergehen, aber meine Worte werden nicht vergehen. – Gib uns immer neu den Mut, dein Wort in dieser Welt treu zu verkünden. …

Seht euch vor und bleibt wach! – Schenke uns einen wachen Geist und ein offenes Herz für die Nöte der Menschen, für ihre Hoffnungen und Ängste. …

Ihr wisst nicht, wann die Zeit da ist! – Lass uns nicht müde werden in unserer Vorbereitung auf das Kommen deines Sohnes. …

Seid wachsam! – Verleihe uns die nötige Wachsamkeit für den Kummer unserer Mitmenschen, wenn wir kurzsichtig und auf uns selbst fixiert durch den Alltag gehen. …

Du bist der Gott des Lebens und der Liebe. Du nimmst die Bitten eines jeden Menschen ernst und erhörst uns, wenn wir zu dir rufen. Dir sei Lob und Ehre in alle Ewigkeit.

Meditation I (Jes 63,16b–17.19b; 64,3–7)

Unser Erlöser von jeher
rettet uns von allem Bösen,
befreit uns von unseren Ängsten,
reißt uns aus unserer Selbstverliebtheit heraus.

Zu ihm rufen wir im Advent:
Komm doch! Reiß den Himmel auf
und finde den Weg zur Erde,
um uns Menschen zu erlösen.

Wenn er uns doch entgegenkäme,
könnten wir mit neuem Mut
unsere Wege in dieser Welt gehen,
hin zu Gott und hin zum Mitmenschen.

Meditation II (Jer 33,14–16)

Seht, es werden Tage kommen,
verheißt uns der Prophet Jeremia.

Tage des Friedens und der Liebe.
Tage des Aufeinanderzugehens und Umarmens.

Tage, die uns wieder menschlicher machen.
Tage, die uns einen neuen Anfang wagen lassen.

Tage, an denen sich unser kleinkariertes Denken weitet.
Tage, an denen wir Waffen wegwerfen und uns die Hand reichen.

Tage einer neuen Zeit, die so anders ist als die Gegenwart.
Tage einer Zeit, in der Gott alles in allem ist.

Tage, die wir voll Vorfreude herbeisehnen.
Seht, diese Tage werden kommen.

2. Familiengottesdienst zum Barbaratag

»Aufblühendes Leben« (4. Dezember)

Anspiel

Der Text kann von zwei Erwachsenen oder einem Kind (S1) und einem Erwachsenen (S2) vorgetragen werden. S2 trägt einige Äste und eine Gartenschere. Vor dem Altar steht eine Vase, in welche die Zweige nach dem Anspiel gestellt werden.

S1: Was hast du denn mit diesen dürren Zweigen vor?

S2: Die stelle ich mir in die Wohnung!

S1: Jetzt im Winter schneidest du Zweige ab und stellst sie dir in die Wohnung? Also ich hole im Sommer gerne ein paar Blumen aus dem Garten. Die blühen so schön bunt. Aber doch keine dürren Äste mitten im Dezember. Wie sieht das denn aus!

S2: Weißt du denn nicht, dass das ein alter Brauch ist?

S1: Heute, am 4. Dezember, Zweige abschneiden und ins Haus stellen? Nee, so etwas kenne ich wirklich nicht.

S2: Dann pass mal auf: Heute denken wir nämlich an die heilige Barbara, die vor vielen, vielen hundert Jahren gelebt hat. Traditionell schneidet man an ihrem Fest einige Zweige von den Bäumen und stellt sie in einer Vase in ein warmes Zimmer. Und wenn du ganz viel Glück hast, fangen die Zweige bis Weihnachten an zu blühen.

S1: Blühende Zweige jetzt im Winter? Die Natur schläft doch und erst im Frühling kommen die Blumen langsam zum Vorschein.

S2: Das hast du sehr schön gesagt. Die Äste mit ihren Blüten zeigen uns, dass die Natur nur schläft. Die Bäume sind nicht tot, wie man vielleicht meinen könnte. Wenn es wärmer wird, erwachen sie von Neuem zum Leben. Die Barbarazweige zeigen uns das. Sie stecken voller Leben, das neu aufblüht. Die Kraft, die noch in den Zweigen ist, treibt Knospen hervor, an denen sich schließlich schöne Blüten bilden.

S1: Na wenn das so ist, werde ich gleich noch rausgehen und mir auch einen Zweig abschneiden. Den kann ich dann beim Blühen beobachten. Und an Weihnachten stelle ich den Zweig zur Krippe. Dann freut sich auch das Jesuskind über das Leben im dürren Ast!

Kyrie-Rufe

Jesus, du bist das Leben. Du lässt das dürre Holz aufblühen.
Herr, erbarme dich.

Jesus, du bist das Licht. Du leuchtest uns in diesen dunklen Tagen.
Christus, erbarme dich.

Jesus, du bist die Liebe. Du lässt uns gut zueinander sein.
Herr, erbarme dich.

Tagesgebet

Gott, du bist so unendlich gut zu uns. Die Pflanzen, die ihre Blätter abgeworfen haben, lässt du neu aufblühen. Alles wird lebendig, weil du es willst. Jetzt, im Advent, warten wir auf den Geburtstag deines Sohnes Jesus. Wir freuen uns darauf, ein Fest des Lebens zu feiern. Wir bitten dich, guter Gott: Gib uns neue Kraft, wenn wir wie die Bäume unsere Blätter abgeworfen haben. Lass uns aufblühen und mach uns wieder froh. Du liebst uns, heute und morgen und an allen Tagen. Amen.

Fürbitten

Guter Gott, überall auf der Welt gibt es Menschen, denen es schlecht geht. Ihnen fehlt die Kraft zum Leben. Sie haben ihre Blüten verloren, ihre Blätter abgeworfen. Für sie wollen wir jetzt zusammen beten: *Lass sie zu neuem Leben aufblühen.*

Wir beten für die Menschen, die krank sind und gepflegt werden müssen. …

Wir beten für die Menschen, die alleine sind und keinen haben, mit dem sie sich auf Weihnachten freuen können. …

Wir beten für die Menschen, die nichts zu essen und zu trinken haben. …

Wir beten für die Menschen, die gestorben sind, und für alle, die deswegen traurig sind. …

Gott, wir dürfen dir alles sagen was uns freut und fröhlich macht. Du weißt aber auch, wenn wir traurig sind und nicht lachen können. Mit dir können wir durch das Leben gehen, du bist immer für uns da. Dafür danken wir dir.

Meditation

Dürre Äste können Blüten bekommen,
wenn wir daran glauben.

Nach dem Winter kommt wieder der Frühling,
neues Leben bricht hervor.

Die Bäume bekommen grüne Blätter,
aus der Erde wachsen bunte Blumen.

Auch wenn wir jetzt nur
totes Holz sehen,

an Weihnachten tragen unsere Zweige
bunte Blüten,

weil Jesus alles, was dürr ist, aufblühen lässt
und neues Leben schenkt.

Segensgebet

Der gute Gott segne uns, damit wir niemals alleine sind.

Der gute Gott segne uns, damit wir neue Kraft bekommen, wenn wir müde und mutlos geworden sind.

Der gute Gott segne uns, damit wir aufblühen können und unser Leben schön wird.

3. Andacht am Gedenktag des heiligen Nikolaus

»Die Güte in Person« (6. Dezember)

Eröffnungslied (GL 221: »Kündet allen in der Not«)

Einführung

Als einmal der Bischof zum Gottesdienst in die Kirche einzog, zupfte ein kleines Mädchen seine Mutter am Ärmel und freudestrahlend flüsterte es ihr zu: »Mama, schau, da ist der Nikolaus!«

Mitra und Stab, die Amtszeichen des Bischofs, sind auch die Haupterkennungsmerkmale des heiligen Nikolaus. Nicht die Rute und das goldene Buch, in dem die Vergehen der Kinder stehen, sind ihm ursprünglich zu eigen. Natürlich gehört zum Bischofsamt auch die Oberaufsicht über die Diözese dazu, das Tadeln des Verhaltens mancher. Wichtiger ist aber ein anderer Dienst, der bei der Bischofsweihe augenfällig zum Ausdruck kommt: wenn nämlich der Kandidat niederkniet und über ihm das Evangelienbuch gehalten wird. Der Bischof stellt sein ganzes Leben unter das Evangelium. Er lebt es und er lebt aus ihm. Weil Nikolaus diesen Auftrag als Bischof verwirklicht hatte, verehren wir ihn. Deswegen feiern wir ihn auch heute und gedenken seiner in Freude.

Gebet

Herr Jesus Christus, du hast den Menschen die Frohe Botschaft von unserem guten Vater im Himmel gebracht. Durch dich ist das Gottesreich bereits in unserer Welt, mitten in unserem Alltag angebrochen. Immer wieder berufst du Menschen, es dir gleichzutun. Sie leben aus deinem Wort, durch sie nimmt Gottes Liebe menschliche Gestalt an. Wir bitten dich: Gib auch uns die Kraft, unseren Dienst an den Menschen zu tun. Schenke uns den Mut, dein Wort in der Welt zu verkünden. Und richte uns auf, wenn wir an unserer Berufung zweifeln. Darum bitten wir dich, der du lebst und herrschst in alle Ewigkeit. Amen.

Lesung (Lk 10,1–9)

Lied (GL 457: »Suchen und fragen«)

Impuls für eine Ansprache

Es gibt sie noch, die großen Helden. Jene Menschen, denen man mit Begeisterung begegnet, weil sie etwas Besonderes geleistet haben. Von der Menge werden sie umjubelt, beinahe kann man schon von Verehrung sprechen. Überall trifft man auf sie: ob als Fanartikel irgendwo in einem Kaufhaus oder als Werbefigur im Fernsehen. Oft sind sie unumgänglich, weil sich manchmal sogar eine ganze Nation mit ihnen identifiziert, weil sie nicht nur Großes für sich allein geleistet haben, sondern für ihr ganzes Land. Solche Helden gibt es heute noch, beispielsweise im Fußball, aber auch im alltäglichen Leben. Wenn Menschen andere aus einer gefährlichen Situation retten, ihr eigenes Leben dabei aufs Spiel setzen, dann sind das auch Helden. Zwar haben sie nicht mehr viel mit den großen antiken Heroen wie Odysseus oder Herkules gemein, aber ihre Leistung bleibt nach wie vor groß und bewundernswert: einfach heldenhaft.

Auch der heilige Nikolaus war allem Anschein nach so ein Held. Bis heute wird ihm große Verehrung zuteil. So finden wir ihn in den Regalen der Supermärkte aus Schokolade – zum Verzehr geeignet –, und am Abend des 5. oder am 6. Dezember kommt er sogar persönlich zu Besuch. Für die Kinder immer ein aufregendes Erlebnis, wenn da plötzlich ein Mann mit einem langen Bart, mit Mitra und Stab vor einem steht. Doch dann zaubert er ihnen auch ein Lächeln auf die Lippen, wenn er aus seinem Sack allerlei Geschenke hervorholt. Dann ist Nikolaus auch für die Kleinsten bereits ein Held, weil er die Menschen beschenkt, ihnen Gutes tut. Völlig fehl am Platz ist hingegen die Vorstellung, Nikolaus kommt mit einer Rute und tadelt die Kinder wegen ihres Fehlverhaltens. Das ist ein Charakterzug, der dem heiligen Bischof fremd ist. Ein solches Bild vom Nikolaus ist verzerrt und schief und sollte dringend überdacht werden. Denn Nikolaus ist nicht der große Wächter, der über Gut und Böse steht, das Gute belohnt und das Schlechte ahndet. Nikolaus ist die Güte in Person. Davon erzählen die Legenden, die sich um sein Leben ranken. Und deswegen ist Nikolaus auch zum Helden geworden: Nicht weil er jedem den Lohn bringt, der ihm eigentlich zusteht, sondern weil er zu allen gut ist. Die Bösen bekommen nicht die Rute, auch sie bekommen Geschenke. Das ist wirklich Nikolaus von Myra.

Sicher hat sich Nikolaus nie selbst als Held bezeichnet oder als solcher angesehen. Für ihn war das, was er getan und wie er gelebt hat, nicht heldenhaft, sondern selbstverständlich. Es war seine Verwirklichung des Reiches Gottes in dieser Welt. Er hat das, was Jesus seinen Jüngern anweist, umgesetzt. Und dazu gehörte eben auch ein Leben, das ganz und gar dem Evangelium entspricht, das sich selbst zurücknimmt, damit Gott groß werden kann. Die Liebe des Bischofs Nikolaus zu den Menschen, seine Selbsthingabe an die Armen, Schwachen und Notleidenden waren die logische Konsequenz aus seinem christlichen Glauben. Weil Jesus es so vorgelebt hat, musste auch er so leben. Denn das Reich Gottes ereignet sich erst in den Taten der Liebe in dieser Welt. In der Kirche bezeichnen wir solche Menschen nicht als Helden, wir verehren sie als Heilige. Als Menschen, durch die das Reich Gottes in dieser Welt bereits anbricht; als Menschen, durch die Christus in diese Welt hineinscheint und sie hell und schön macht.

Von einem anderen unserer Heiligen, von Franz von Assisi, soll das folgende Wort stammen: »Predige das Evangelium, wenn nötig mit Worten.« Worte sind uns vom heiligen Nikolaus keine überliefert, wohl aber sind seine Taten bis heute lebendig geblieben. Sein ganzes Leben war eine einzige Predigt des Evangeliums. Nicht eine gesprochene, eine, die viel zu oft theoretisch und oberflächlich bleibt, sondern eine gelebte, eine ganz und gar praktisch in die Tat umgesetzte. So können und dürfen wir durch den heiligen Nikolaus hindurch auf Christus blicken. Weil Nikolaus ihm in seinem ganzen Leben Raum gegeben hat, weil das Evangelium sein ganzes Leben in Anspruch genommen hat, verehren wir ihn heute nicht als großen Helden, aber als Heiligen. Sein Vorbild, zu allen gütig zu sein, allen Menschen mit Liebe zu begegnen, kann und muss uns heute noch anleiten, ebenso wie er zu handeln. Deshalb ist es auch gut und schön ihn in diesen Tagen wieder leibhaftig vor Augen zu haben. Um nie zu vergessen, wie eigenes christliches Leben aussehen kann. Wie ich selbst immer wieder und jeden Tag aufs Neue das Evangelium leben muss. Denn meistens sind es die kleinen Gesten und nicht die großen Worte, die sich ins Gedächtnis einbrennen, die Menschen zu Helden machen. So bleibt uns nur übrig, was der Taizé-Gründer Frère Roger einmal gesagt hat: »Lebe das, was du vom Evangelium verstanden hast. Und wenn es noch so wenig ist. Aber lebe es.«

Fürbitten

Wir wollen beten zu unserem Gott, der uns mit seiner Liebe nahe kommt: *(Antwortruf: GL 182, 2)*

Für alle Männer und Frauen, Jugendlichen und Kinder, für alle, die sich in den Gemeinden engagieren und einbringen. ...

Für alle, die das Evangelium verkünden in der Kirche, in den Schulen, draußen in unserem Alltag. ...

Für alle Flüchtlinge und Obdachlosen, Asylsuchenden und Rechtlosen, für alle, die keine Heimat haben und Zuflucht suchen müssen. ...

Für alle Helfer in den Armenküchen und Tafeln, Bahnhofsmissionen und Krankenhäusern, die sich tagtäglich dem Dienst am Nächsten widmen. ...

Für alle, die ganz unscheinbar und im Verborgenen durch Taten und Worte der Liebe das Reich Gottes in dieser Welt anbrechen lassen. ...

Denn du, guter Gott, bist ein Freund des Lebens. Die Trauernden dürfen in dir neue Hoffnung schöpfen, die Müden erfahren durch dich wieder Kraft, was zerbrochen ist, wird mit deiner Hilfe aufstehen. Auf die Fürsprache des heiligen Nikolaus loben und preisen wir dich in Ewigkeit.

Einladung zum Vaterunser

Das Gottesreich ist bereits im Anbruch, zwar noch klein und unscheinbar, aber doch spürbar. Damit unsere Welt immer mehr von ihm durchsäuert wird, beten wir gemeinsam, wie Jesus es seine Jünger gelehrt hat: »Dein Reich komme.«

Einladung zum Friedensgruß

Nicht wo Gewalt und Krieg, Terror und Zwietracht herrschen, ist Gott gegenwärtig. Gott ist da, wo Menschen einander die Hand zur Versöhnung reichen. Gott ist da, wo Menschen einander helfen und die Not des Anderen ernst nehmen. Gott ist da, wo Menschen sich gegenseitig Liebe erweisen; Liebe, die größer ist als aller Hass.

So bitten wir: Guter Gott, gib uns deinen Frieden, damit wir als deine Boten in dieser Welt wirken und Liebe bringen können. Gib uns deinen Frieden, damit Völker aufhören einander zu bekämpfen, damit Menschen sich nicht mehr als Feinde ansehen. Gib uns deinen Frieden, weil dein Reich das Reich des Friedens ist.

Segenslied (GL 453: »Bewahre uns, Gott, behüte uns, Gott«)

Segensgebet

Der heilige Nikolaus war ein Freund der Menschen: Gehen wir hinaus in diese Welt, im Bewusstsein, dass Christus im Nächsten gefunden werden kann.

Der heilige Nikolaus war ein Freund des Lebens: Gehen wir hinaus in diese Welt und sind wir Zeugen dieses Lebens, das allen Tod überwindet.

Der heilige Nikolaus war ein Freund des Evangeliums: Gehen wir hinaus in diese Welt und verkündigen wir die Frohe Botschaft von der nahegekommenen Gottesherrschaft.

Der heilige Nikolaus war ein Freund Gottes: Gehen wir hinaus in diese Welt, gestärkt mit Gottes Segen, der uns auf all unseren Wegen durch dieses Leben begleitet.

Lied zum Abschluss (GL 218: »Macht hoch die Tür«)

4. Spätschicht im Advent

»Licht leuchtet in der Finsternis«

Eröffnung

Kehrvers (GL 636,1: »Das Licht leuchtet in der Finsternis«)

Licht leuchtet uns im Dunkeln,
weist uns den Weg,
gibt uns Orientierung und Richtung,
wo wir nicht mehr weiterwissen.

Kehrvers (V/A)

Licht leuchtet uns in diesem Advent,
vier Kerzen werden entzündet,
Sonntag für Sonntag eine mehr,
die das Dunkel heller macht.

Kehrvers (V/A)

Licht leuchtet uns von der Krippe her;
der Stern strahlt über dem Stall auf,
noch fern, vielleicht schon ganz nah,
das wahre Licht, das alle Finsternis erleuchtet.

Lied (GL 220,1: »Die Nacht ist vorgedrungen«)

Schriftwort (Jes 45,6b–8.18.21b–25)

Kehrvers (GL 234: »Ihr Himmel, tauet den Gerechten«)

Ihr Himmel tauet
den Geduldigen und Freundlichen,
den Friedlichen und Gewaltlosen,
den Gerechten und Rechtschaffenen.

Kehrvers (V/A)

Ihr Himmel tauet
die Hoffnung und Liebe,
die Zuversicht und Rettung,
die Güte und Barmherzigkeit.

Kehrvers (V/A)

Ihr Himmel tauet
Segen und Gnade,
Weisheit und Geduld,
Langmut und Leben.

Kehrvers (V/A)

Gemeinsames Psalmgebet (GL 47,1.2: Ps 72)

(Der Psalm kann im Wechsel V/A oder rechte Seite/linke Seite gebetet werden.)

Meditation

In den Tagen des Herrn
wird es kein Unglück mehr geben,
keine Ungerechtigkeit,
kein Leid.

In den Tagen des Herrn
wird die Erde überströmen
von den guten Gaben, die sie
im Übermaß hervorbringt.

In den Tagen des Herrn
wird er der größte aller Könige
sein, zu dem alle Herrscher der
Welt herbeiströmen, ihn anzubeten.

In den Tagen des Herrn
werden wir glücklich zu preisen
sein, da wir keine Gefahr mehr zu fürchten
haben, da Gott in unserer Mitte ist.

Überleitung und Vaterunser

Die Schrifttexte aus dem Buch des Propheten Jesaja sind adventliche Worte. Sie sprechen vom künftigen Heil, von Rettung, von Trost. Es sind adventliche Worte, weil sie von der Sehnsucht nach dem Kommen Gottes, nach seinem Eingreifen in dieser Welt erzählen. Und Gott? Er kennt die Sehnsucht der Menschen nach Ganzsein, er weiß um ihre Sorgen und Nöte. Er bleibt nicht der Ferne. Er kommt den Menschen ganz nah. In seinem Sohn Jesus Christus erfüllen sich die alten Verheißungen, von denen Jesaja spricht. Und doch bleibt so vieles noch offen. Unsere Sorgen um das tägliche Brot, unsere Angst vor dem Bösen. Die Hoffnung, dass Gottes Reich in dieser Welt immer mehr anbricht. Darum und um vieles mehr dürfen wir bitten, wenn wir sehnsuchtsvoll mit den Worten beten, die Jesus seinen Jüngern gelehrt hat.

Segen

Auf euren Wegen beschütze euch der barmherzige Gott, damit euch weder Unheil noch Leid widerfahre.

Auf euren Wegen schenke euch der treue Gott Lichtblicke, damit ihr selbst zu Boten der Hoffnung in dieser Welt werden könnt.

Auf euren Wegen stärke euch der lebendige Gott mit seiner Liebe, damit ihr eure Mitmenschen lieben könnt.

Auf euren Wegen begleite euch der gute Gott mit seinem Segen, denn er ist allezeit an eurer Seite.

5. Zweiter Adventssonntag

»Umkehren zu Gott«

Einzug (GL 223,2: »Wir sagen euch an den lieben Advent«; GL 227,1–3: »Komm, du Heiland aller Welt«)

Einführung (Mt 3,1–12; Mk 1,1–8; Lk 3,1–6)

Johannes der Täufer – rein äußerlich eine unsympathische Gestalt. Er wohnt in der Wüste, kleidet sich seltsam, ernährt sich von dem, was er in der kargen Einöde findet. Sein Lebensumfeld wirkt sich auch auf die Person des Johannes aus: Er besitzt einen »wüsten« Charakter. Er predigt Umkehr und das nahe Gericht, er konfrontiert die Menschen mit ihrer Schuldhaftigkeit.

Doch Johannes ist auch eine wegweisende und wichtige Gestalt in dieser Zeit des Advents. Denn er leitet uns an, unser eigenes Leben zu überdenken. Wo stehe ich? Wie verhalte ich mich angesichts des kommenden Gottes? Der Täufer predigt keine Drohbotschaft. Er will uns vielmehr zurufen: Nimm dein eigenes Leben in den Blick! Überlege, ob du so, wie du auftrittst und dich verhältst, deinem Gott begegnen kannst!

Kyrie I (Jes 11,1–19)

Herr Jesus, du richtest gerecht, wo es nur Unrecht gibt.

Du bist unser Friede, wo nur Streit und Feindseligkeit sind.

Du bist unsere Hoffnung, wo alle Perspektiven erstorben sind.

Kyrie II (Jes 40,1–5.9–11; Lk 3,1–6)

Jesus, du Heil, das von Gott zu uns kommt.

Jesus, du Trost in unserer Trauer.

Jesus, du Hirt, der für seine Schafe das Leben gibt.

Impuls für eine Ansprache I (Mt 3,1–12; Lk 3,1–6; Mk 1,1–8)

Wenn sich Besuch ansagt, will man sich von seiner besten Seite zeigen. Natürlich wird die Wohnung noch einmal gründlich geputzt, selbstverständlich kommt ein frischer Blumenstrauß auf den Tisch. Der Gast soll sich doch schließlich wohlfühlen und nicht die Minuten zählen müssen, bis er endlich wieder gehen darf. Die Vorbereitungen, die es im eigenen Haushalt gibt, die kennen wir auch aus dem öffentlichen Bereich. Wenn hohe Staatsgäste ihr Kommen angekündigt haben, dann muss alles perfekt sein. Nicht selten werden dann auch einmal Straßen neu gebaut oder Verkehrshindernisse beseitigt, um mit einer möglichst guten Infrastruktur dem Gast einen angenehmen Aufenthalt zu bereiten.

Von ähnlichen Vorbereitungen erzählen die Evangelisten, wenn sie von der Predigt des Täufers Johannes berichten. Auch Johannes spricht von Maßnahmen, die getroffen werden müssen, bevor der hohe Gast eintrifft. Berg und Hügel sollen sich senken, was krumm ist, das muss gerade werden. Es darf keine Hindernisse mehr geben, nichts, was stören könnte. Doch es geht dabei nicht darum, dass dieser Kommende mit seiner Limousine möglichst bequem durch das Land reisen kann. Es geht nicht darum, ein einwandfreies Verkehrssystem zu schaffen, um schnell von A nach B zu gelangen. Es geht um mehr.

Die Vorbereitungen, die wir in diesen adventlichen Tagen treffen müssen, sind anderer Art. Johannes leitet die Menschen nicht an, mit Schaufel und Besen hinauszugehen und den nächsten Erdhaufen abzutragen. Die Umwelt muss nicht perfekt sein, wenn der Messias kommt. Mit seiner Ankunft ist ja auch die Erschaffung einer neuen Welt verbunden. Die Natur muss nicht groß hergerichtet werden für das Eintreffen unseres hohen Besuches. Aber wir müssen es. Die Berge, die das Zugehen auf den Anderen verhindern, müssen abgetragen werden. Der unebene Weg zum Nächsten, der es mir so schwer macht, ihn ab und an aufzusuchen, muss eben werden. Der Hügel, der mir die Sicht auf meinen Mitmenschen versperrt und dazu führt, dass ich nur um mich selbst kreise, muss verschwinden. Auch das Krumme in mir muss gerade werden. Es geht darum, das eigene Selbst zu verwandeln und sich mit den eigenen Fehlern und Schwächen auseinanderzusetzen, die es letztendlich immer wieder verhindern, Gott aufzunehmen.

Diese Tage vor Weihnachten bieten uns Gelegenheit dazu, uns neu zu besinnen. Es liegt an uns, dem Kommenden einen würdigen Empfang zu bereiten. Jetzt ist es unsere Aufgabe, die Vorbereitungen für sein Eintreffen zu erledigen. Gott kommt in unsere Welt – das ist die frohe Botschaft dieser adventlichen Tage. Und Gott kommt dahin, wo Menschen auf ihn warten, wo sie ihn mit offenen Türen und offenen Herzen einlassen. Wo die Wege zueinander nicht durch Feindschaft oder Eifersucht blockiert sind und alle Hindernisse, die Menschen voneinander trennen, weggeräumt sind. Wenn man die Hand zum Frieden ausstreckt und nicht, um zur Waffe zu greifen. Wenn Vorurteile abgebaut und nicht immer mehr Vorwürfe gegen den Anderen aufgeschüttet werden. Da will Gott Mensch werden, da kann wirklich Weihnachten sein. Dann werden alle Menschen das Heil sehen, das von Gott her auf uns zukommt.

Impuls für eine Ansprache II (Jes 11,1–10)

»Es ist ein Ros entsprungen aus einer Wurzel zart«: So beginnt ein altes Weihnachtslied aus dem Mittelalter. In der zweiten Strophe erfahren wir, dass es sich bei der Wurzel um Maria handelt; das Röslein, das aus dieser Wurzel hervorsprießt, ist Jesus. Ein neugieriges Schulkind fragte einmal, warum wir denn an Weihnachten in der Kirche immer so einen Unsinn singen würden. Ein Lied handle von einem Pferd, das über eine Wurzel springt oder so ähnlich. Dabei wurde aus der »Ros« – also einem kleinen Zweig, einer Rose – das »Ross«, das Pferd. So verstanden ergibt der Text freilich keinen Sinn. Selbst an der Krippe findet das Pferd traditionell keinen Platz, höchstens als Begleittier der Könige. Wohl aber geht es um das Reis, das aus der Wurzel Jesse hervorspießt. Um den gefällten Baum, aus dem neues Leben wächst. Die Geschichte zeigt: Das alte Rätsellied von der Ros und der Wurzel ist für die Kinder – und vielleicht auch für so manchen Erwachsenen – nach wie vor ein vieldeutiges Geheimnis.

Die Prophetie des Jesaja, die wir in der Lesung gehört haben, ist alt, uralt. Zu einer Zeit, in der das Reich Juda von außen besonders durch die assyrische Großmacht bedroht ist, tritt Jesaja auf. Er erlebt den syrisch-efraimitischen Krieg mit, eine Auseinandersetzung zwischen den Staaten Syrien und Israel. Und Jesaja ist hautnah dabei, als das Nordreich Israel im Jahr 722 v. Chr. von den Assyrern erobert wird. Militärische Bedrängung, ausweglose Situationen, Krieg und Unterdrückung: Das ist die Situation, in die hinein der Prophet Jesaja seine Worte spricht. Der Baumstumpf steht den Menschen sichtbar vor Augen. Alle Hoffnung, alle Perspektiven sind gefällt worden. Gewaltsam hat man das Leben beschnitten und versucht, es ganz und gar auszurotten. Übrig geblieben ist nur noch ein Stumpf, der Zeugnis gibt, von einem ehemals so mächtigen und großen Baum. Ein Stumpf, der nur noch störend den Weg blockiert und von dem man hofft, dass er bald zerfällt.

So wie ein gefällter Baum, von dem nur noch der Stock übrig bleibt, ist allzu oft auch unser Leben. Das, was uns Freude macht, worüber wir glücklich sind, wird von einem Moment auf den anderen umgehauen. Unser Dasein wird gewaltsam zerstört und liegt nur noch in Trümmern da. Diese Erfahrungen muss jeder und jede von uns in diesem Leben immer wieder machen. Die Diagnose einer schlimmen Krankheit, welche die eigene Existenz von heute auf morgen auf den Kopf stellt und einschränkt. Der plötzliche Tod eines geliebten Menschen, der den Alltag nie mehr so sein lässt, wie er vorher war, der unser Leben lähmt und zum Stillstand bringt. Eine voreilige Kündigung, eine sofortige Entlassung aus dem Beruf, in dem man schon so lange gearbeitet hat und von dem die Versorgung der ganzen Familie abhängt. Von einem Tag auf den anderen ist das Blühende verschwunden und übrig bleibt nur noch der tote Stumpf, der von dem einstigen Leben zeugt. Schnell kann das Leben eine plötzliche Wendung nehmen, schnell kann der Baum des Lebens fallen.

Doch bei aller Resignation und Perspektivlosigkeit, die das Volk in Jerusalem trifft, verkündet Jesaja die Wendung. Denn aus dem Stumpf wird ein Reis hervorwachsen, ein neuer Trieb wird fruchtbar sein. Der Baumstumpf ist nicht mehr nur Zeuge für das einstige Leben, sondern fängt von Neuem an lebendig zu sein. Wachstum ist ihm wieder eingehaucht, er strebt nach oben, dem Himmel entgegen. Die einstige Situation freilich wird nicht sofort wiederhergestellt. Bis ein neuer Baum entsteht, so groß und prächtig, wie der alte war, werden Jahre und Jahrzehnte vergehen. Aber: Dieser neue Baum beginnt zu wachsen, er ist im Werden. Der Blick richtet sich nicht mehr auf das Elend des Baumstumpfes, den traurigen Rest, der nach der Fällung übrig geblieben ist. Das Auge haftet sich auf die jungen Triebe, die in frischem Grün unaufhaltsam hervorsprießen. So erzählt Jesaja von einer guten Zukunft, von neuer Hoffnung, die wachsen kann, weil Gott sie wachsen lässt. Der Geist Gottes ist es, der auf diesen Zweiglein ruht. Er macht alles gut, er schenkt überall neues Leben, wo wir Menschen nur das Tote sehen. So ist das Bild vom Reislein, das aus dem Baumstumpf hervortreibt, auch ein Bild für unser Leben, das gefallen daliegt. Dort, wo wir nur die kargen Überreste unseres einst so blühenden Lebens wahrnehmen, lässt Gott Neues keimen. Dort, wo alle unsere Vorstellungen von der Zukunft auf einmal zerstört sind, schenkt der gute Gott neue Lichtblicke und Zuversicht. Das dürfen wir glauben, weil unser Gott ein Gott ist, der das Leben will und nicht den Tod. Ein Gott, der alle Unfruchtbarkeit besiegt und sie mit Leben erfüllt, weil er selbst das Leben ist.

Das Reis, das aus der Wurzel Jesse hervorspringt, ist ein Hoffnungszeichen in dieser Adventszeit. Es zeigt uns, dass es sich lohnt, in den schweren Zeiten des Lebens nicht zu verzweifeln und zu verzagen. Dass es sich rentiert, auf Gott zu bauen, weil er alles zum Guten führen wird. Auf ihn vertrauend dürfen wir unseren Alltag wagen, in guten und in schlechten Zeiten. Denn wer sich auf Gott verlässt, der wird in Ewigkeit nicht zuschanden, der hat das Leben in Fülle.

Fürbitten (Mt 3,1–12)

Zu Jesus Christus, dessen Kommen Johannes in der Wüste ankündigte, dürfen wir beten: *Herr, erbarme dich unser!*

Kehrt um, denn das Himmelreich ist nahe! – Wir beten für alle, die sich in diesen adventlichen Tagen auf den Weg der Umkehr gemacht haben. …

Die Menschen zogen zu Johannes und bekannten vor ihm ihre Sünden. – Wir beten um Vergebung für alle, die schuldig geworden sind und Fehler begangen haben. …

Johannes taufte die Menschen im Jordan. – Wir beten für die Katechumenen, die sich auf die Taufe vorbereiten, und für alle Neugetauften. …

Er wird euch mit Heiligem Geist und Feuer taufen. – Wir beten um den Heiligen Geist für alle, denen eine verantwortungsvolle Aufgabe in Politik und Gesellschaft zukommt. …

Denn du, Herr Jesus, hörst und erhörst unser Beten. Sei gepriesen in alle Ewigkeit.

Meditation I (Jes 40,1–5.9–11)

Traurige Nachrichten
erreichen uns tagtäglich
aufs Neue.

Schreckensmeldungen
über Terroranschläge
und Attentate.

Berichte von
grausamen Gewalttaten und
blutigen Auseinandersetzungen.

Kontrastprogramm
bietet uns hingegen der
Prophet Jesaja.

Botin der Freude
nennt er Zion
und Jerusalem.

Eine Freudenbotschaft
verkündet er seinem Volk:
Gott ist nahe.

Er kommt mit Macht,
er ist schon in Sichtweite.
Zeit, ihm den Weg zu bereiten.

Meditation II (Bar 5,1–9)

Jerusalem
muss ihr Freudengewand anlegen,
alle Trauer abstreifen
und froh sein.

Jerusalem
muss alle Gewalt vergessen,
Hass und Streit
beiseite legen.

Jerusalem
muss sich freuen
und überschwänglich jubeln,
wird prächtig geschmückt.

Jerusalem
ist nicht mehr Ort von
Auseinandersetzungen und Ausschreitungen,
Angst und Misstrauen.

Jerusalem
ist Friede der Gerechtigkeit
und Herrlichkeit der Gottesfurcht.
Freu dich, Jerusalem, und juble!

Gott
hat dich auserwählt
und sorgt für dich,
Jerusalem, du heilige Stadt.

6. Maria, ohne Erbsünde empfangen
(Hochfest am 8. Dezember)

Einführung

Maria ist die auserwählte Frau, die Begnadete, die Gott erkoren hat, seinen Sohn in dieser Welt zu gebären. Von Anfang an ist diese Gnade Gottes im Leben Mariens spürbar. »Schon im ersten Augenblick ihres Daseins« wurde sie vor jeder Sünde bewahrt *(vgl. Tagesgebet)*, um würdig zu sein, Gott selbst in ihrem Schoß zu tragen. So ist sie zur neuen Eva geworden, zur Mutter alles Lebendigen, die in einen paradiesischen Urzustand zurückversetzt zum Beginn der neuen Welt wird. Durch ihren Sohn dürfen wir eintreten zum Leben, in den Himmel Einzug halten, wo es keine Schuld und Sünde mehr gibt, wo alles Schlechte und Böse ausgeschlossen ist. Maria ist das Urbild dieses neuen Lebens, nicht nur Mutter Gottes, sondern auch unsere Mutter. Und sie ist auch unsere Hoffnung, dass wir einmal Anteil an dieser himmlischen Herrlichkeit erlangen.

Kyrie (Eph 1,3–6.11–12)

Herr Jesus Christus, durch dich sind wir zu Söhnen und Töchtern Gottes geworden.

Du bist unsere Hoffnung auf Herrlichkeit.

Durch dich sind wir zum ewigen Leben berufen.

Impuls für eine Ansprache I (Lk 1,46–55)

Man meint fast, unsere Welt käme nicht mehr aus, ohne zu singen. Dieser Eindruck kann entstehen, betrachtet man alleine einmal die vielen CDs, Kassetten und Schallplatten, die es mittlerweile zu kaufen gibt. Jede Musikrichtung ist da vertreten, von Volksmusik über Oper und Klassik bis hin zu Rock 'n' Roll und Heavy Metall. Manch einer der großen Sänger hat sich mit seinen Liedern schon unsterblich gemacht und in die Herzen vieler Menschen gesungen. So gibt es auch keinen Anlass, ob froh oder traurig, zu dem nicht mindestens ein Dutzend Lieder existieren würde. Gesungen wird immer und überall, öffentlich oder ganz alleine daheim. Schon der heilige Franz von Assisi wusste, was so ein Lied alles bewirken kann. Von ihm soll der Satz stammen: »Schon ein ganz kleines Lied kann viel Dunkel erhellen.«

Auch Maria kann sich, wie es scheint, diesem Trend nicht verwehren. Mit ihrem Lied, das sie voll Freude anstimmt, hat auch sie sich unsterblich gemacht. Doch das Lied, das Maria singt, ist so ganz anders als die uns bekannten und bei uns so beliebten Weisen. Es handelt von der Größe ihres Gottes, von seiner Gnade und von seinen Taten, die er immer wieder an den Menschen vollbringt. Maria singt ein Loblied auf ihn, der eine andere Welt herbeiführt, eine neue Gesellschaftsordnung schafft. Die Mächtigen werden erniedrigt und die Niedrigen erhöht. Gott gründet das, was die Menschen schon so lange sehnsüchtig erwarten. Er schafft rechte Verhältnisse in der Welt. In seinem Reich werden die Kleinen groß sein, werden die Ausgebeuteten das Sagen haben. Das ist das, von dem Maria ihr Lied singt. Von einer Welt, in der es gerechte Verhältnisse gibt, in der die Mächtigen nicht immer mächtiger und die Armen dabei nicht immer ärmer werden. Es ist die Sehnsucht nach einem, der kommt und diese gebrochene Welt aufrichtet. Ihn, den Israel so lange schon erwartet, der mit Abraham bereits seinen Bund geschlossen hat, ihn trägt Maria unter ihrem Herzen. Das weiß sie und deswegen kann sie voll Freude singen: Meine Seele lässt den Herrn groß sein.

Das Lied Marias ist ein adventliches Lied. Es lobt Gott für seine Größe, für seine Güte, für seine Menschenfreundlichkeit, die er besonders an Maria erwiesen hat. Aber es spricht auch von der Erwartung und von der Hoffnung. Wie viele Generationen seit Abraham haben nicht einen herbeigesehnt, der diese gerechten Verhältnisse schafft? Wie oft haben die Armen und Niedrigen nicht schon verzweifelt zu ihrem Gott geschrien, er möge sie doch endlich aufrichten? Die politische Großwetterlage zur Zeitenwende ist voller Gefahren. Unterdrückung und Ausbeutung sind an der Tagesordnung, Kriege und Unfrieden zerstören immer neu die Ruhe im beschaulichen Palästina. Die Rufe nach einem Friedenbringer werden immer lauter, immer größer die Sehnsucht nach dem Messias, der alle Ungerechtigkeit beseitigt. Nur wenige finden sich, die in das Lied Mariens einstimmen können. Vielmehr werden Fragen laut, wie Gott seinem auserwählten Volk all das Unrecht antun kann. Ob er nicht, wie so oft schon in der Geschichte, auch dieses Mal zu seinem Volk steht.

Maria hat allen Grund dazu, ihr Lied zu singen. Weil sie weiß, dass der, der all dies vollbringen wird, der endlich Gerechtigkeit schafft, schon vor der Tür steht. Weil sie der Botschaft des Engels traut, der ihr das Kommen des Gottessohnes ankündigt. Maria kann voll Freude singen, denn all das, was die Menschen des Volkes Israel seit Generationen erhoffen, wird nun Wirklichkeit. Der erwartete Messias kommt, ja er ist schon unmittelbar in dieser Welt, zwar noch verborgen im Schoß Mariens und doch bereits ganz gegenwärtig. Nicht viele wollen das Lied Marias mitsingen, da die Realität anders aussieht. Doch bis heute hat sie sich mit ihrem »Magnifikat« unsterblich gemacht. In der Vesper, dem Abendgebet der Kirche, wird ihr Hymnus jeden Tag neu angestimmt, als Loblied auf den großen Gott, der seinen Sohn zur Rettung in diese Welt gesandt hat. Und so stimmt auch, was der heilige Franziskus sagt: Dieses kleine Lied, das Maria da singt, hat die Dunkelheit hell gemacht. In ihm ist die Hoffnung neu aufgestrahlt, dass alles Schlechte und Böse in dieser Welt bald ein Ende hat. In ihm sind bereits die Züge des Reiches Gottes zu erahnen, welches aufzurichten er in die Welt kommt. So dürfen auch wir in diesen adventlichen Tagen mit Maria singen in der Vorfreude und Erwartung, dass er wirklich kommt, dass er sich wirklich unserer Schwachheit und Armut annimmt. Und in der Sehnsucht, dass die Zeilen unseres Liedes kein leerer, inhaltsloser Text sind, sondern so bald schon voll und ganz Erfüllung finden.

Impuls für eine Ansprache II (Lk 1,26–38)

Schon wieder klingelt das Telefon. »Tut mir leid, ich habe gerade überhaupt keine Zeit, du rufst ungelegen an.« Wenig später ertönt die Haustürglocke. »Du kommst unpassend, ich bin gerade beschäftigt!« Auf der Straße treffe ich zufällig einen alten Bekannten. »Entschuldigung, aber ich bin gerade in Eile. Vielleicht treffen wir uns irgendwann anders mal auf einen Kaffee!« – Situationen, wie sie jeder von uns schon einmal in irgendeiner Form erlebte. Da hat man es gerade einmal richtig eilig und schon wird man aufgehalten. Oder man ist in die Arbeit vertieft und kann gerade überhaupt keine Störung vertragen. Bei vielen Menschen hat man auch das Gefühl, man kommt immer ungelegen. Sie haben immer irgendetwas zu tun und keine Zeit für den Besuch. Sie nehmen sich selber wichtiger, als sie vielleicht sind, und lassen dabei den Anderen draußen vor der Türe stehen. Denn momentan stört er nur.

Auch Maria ist es so ergangen. Zwar erzählt uns Lukas nichts davon, dass sie gerade ziemlich beschäftigt gewesen wäre. Aber wir können uns doch gut vorstellen, was sie als Hausfrau so alles zu tun hatte. Während ihr Verlobter, Josef, auf der Arbeit war, hatte sie daheim alleine den Haushalt zu versorgen. Gut vorstellbar also, dass sie auch gerade in Hektik war, als der Besuch bei ihr anklopfte. In der Tradition der orthodoxen Kirchen hat sich dies noch erhalten: Maria sei gerade beim Wasserholen gewesen, als ihr der Engel erschien. Gabriel, ein ungelegener Gast, der mit einer noch ungelegeneren Botschaft kommt. »Tut mir leid, aber ich habe gerade überhaupt keine Zeit für dich«, hätte Maria sagen können. »Schön, dass du da bist, aber gerade passt es mir gar nicht.« Abweisend, wie wir es oft aus unserem Alltag kennen, hätte Maria reagieren können. Sicher, es wäre nicht gelogen gewesen. Denn wer sitzt schon den ganzen Tag untätig zu Hause, um bereit zu sein, falls Besuch kommt?

Die Reaktion Marias ist eine andere; eine, mit der wir nicht gerechnet haben. Sie nimmt sich Zeit für den Engel, sie hört aufmerksam, was er ihr zu sagen hat. Doch damit nicht genug: Maria nimmt sich Zeit für Gott. Sie speist ihn nicht schon an der Haustür ab und knallt die Tür hinter ihm wieder zu. Sie legt das Telefon nicht schnell wieder auf, denn gerade ist sie ja so beschäftigt. Maria lässt das, was geschehen soll, geschehen. Bereitwillig, mit offenem Ohr und offenem Herzen vernimmt sie die frohe Kunde, die der Engel ihr bringt. Und schließlich sagt sie Ja zu Gottes Plan, zu dem, was er mit ihr vorhat. Sie soll Mutter eines Sohnes werden, sie darf Gott in ihrem Leib tragen. Das ist freilich eine ehrenvolle und große Aufgabe. Aber sie ist ebenso mit zahlreichen Verpflichtungen Gott und dem Kind gegenüber verbunden. Denn von nun an heißt es sich Zeit nehmen. Sich selbst und die eigenen Aufgaben zurückstellen, weil das Wohl des Kindes viel wichtiger ist, als das ständige Arbeiten und Schuften.

Lernen wir von Maria. Auch wir brauchen in unserem Alltag immer neu diese Offenheit Gott gegenüber. Wie oft sagen wir nicht vorschnell, wir hätten keine Zeit, weil so viele andere Dinge wichtiger sind? Wie oft sind nicht auch wir im Stress, weil wir noch so vieles zu tun und zu erledigen haben? Meistens sind es unsere mitmenschlichen Beziehungen, die dabei auf der Strecke bleiben. Der Andere ist schnell verprellt, wenn ich meine eigenen Aufgaben und Tätigkeiten über alles stelle. Aber auch Gott sperren wir durch solches Verhalten aus. Wir können seinen Ruf gar nicht mehr vernehmen, weil wir nur noch auf uns selbst hören. Weil wir andauernd nur zu tun haben, weil wir uns zu selten wirklich Zeit nehmen. Gerade in diesen adventlichen Tagen ist dies aber von großer Notwendigkeit. Gott kommt in diese, unsere Welt. Gott wird Mensch mitten in unserem Alltag. Er spricht zu uns in den Leiden und Sorgen, Nöten und Ängsten unserer Mitmenschen. Dafür müssen wir sensibel sein. Nicht immer nur um uns selbst kreisen, sondern ganz bewusst dem Anderen Raum schaffen in mir. Offen sein für das, was ihn im Innersten bewegt. Offen sein aber eben auch für Gott, für seine Spuren in dieser Welt, für seinen Ruf, der auch an uns ergeht.

Maria hat diese Offenheit gepflegt, sie hat Gott und seine Botschaft in ihr Herz gelassen. Erst so konnte Gott in ihr ganz Mensch werden. Tun auch wir es ihr gleich. Gehen wir aufmerksam hinaus in diese Welt, in unseren Alltag und hören wir, wo Gott auch zu uns spricht, wo er auch uns in seine Nachfolge ruft.

Fürbitten

Zu Jesus Christus, dem Sohn der Jungfrau Maria, dürfen wir beten: *Christus, Herr, erhöre uns.*

Für alle Menschen, die am Rand der Gesellschaft leben: dass sie Barmherzigkeit finden und umsorgende Liebe erfahren dürfen. …

Für alle Menschen, die zweifeln an Gott und seinem Plan: dass sie deine Nähe erfahren und sich von dir in ihrem Leben führen lassen. …

Für alle Menschen, die heute wegen ihres Glaubens verfolgt werden: dass sie den Mut und die Kraft besitzen, auch weiterhin deine Zeugen in dieser Welt zu sein. …

Für alle Menschen, die gestorben sind: dass sie das ewige Leben und die Vollendung in Gottes Herrlichkeit erlangen. …

Dir, guter Gott, empfehlen wir alles an, was uns auf dem Herzen liegt. Du bist uns nahe mit deiner Liebe und sorgst dich um unser Leben. Dir danken wir, dich loben wir, heute und in Ewigkeit.

Meditation

Maria,
du trägst Jesus
auf deinem Arm,
den Heiland der Welt,
unseren Retter und
Erlöser.

Maria,
du neue Eva,
die uns Christus
geschenkt hat,
der uns von der Sünde
befreit.

Maria,
du Vorbild im Glauben,
du hörst Gottes Ruf,
folgst ihm
und findest durch ihn zum
Leben.

7. Rorate-Gottesdienst

»Tauet Himmel den Gerechten«

Hinweis:
Bis zum 16. Dezember empfiehlt es sich, das Messformular im MB II S. 890 zu verwenden. Als Schriftlesungen eignen sich besonders Jes 45,6b–8.18.21b–25 (Mittwoch der 3. Adventswoche) und Lk 1,26–38 (20. Dezember).

Einführung

Es ist für viele schon eine romantische Vorstellung, sich nur bei Kerzenschein gegenüberzusitzen und dabei vielleicht die Liebe zueinander zu entdecken. Romantisch mag es schon sein und mit Liebe hat es auch zu tun, was wir nur im Kerzenlicht miteinander feiern. Wir erwarten den, der aus Liebe zu uns Menschen kommt, der uns alle an seiner Liebe Anteil schenken will. In die Finsternis unserer Ichbezogenheit und Selbstliebe will er Licht bringen. Noch ist es dunkel, noch feiern wir in der Finsternis gemeinsam Gottesdienst – doch bereits in vorfreudiger Erwartung, in untrüglicher Hoffnung, dass der Geliebte bald eintrifft. In der Sehnsucht, dass die Erde sich auftut und den Heiland der Welt hervorbringt.

Kyrie-Rufe

Herr Jesus Christus, du Tau aus der Höhe: Komm, damit unser dürres Leben wieder aufblüht.

Herr Jesus Christus, du Gerechtigkeit aus dem Himmel: Komm, damit wir Barmherzigkeit erfahren.

Herr Jesus Christus, du Heil aus der Ewigkeit: Komm, damit unser zerbrochenes Leben wieder ganz wird.

Impuls für eine Ansprache (Jes 45,8)

In vielen Gemeinden gibt es sie noch: die adventlichen Rorate-Gottesdienste. Früh am Morgen oder spät abends, nach Einbruch der Dunkelheit, versammelt man sich, die Kirche nur vom Schein der Kerzen erhellt. Und es ertönt der sehnsuchtsvolle Ruf aus dem Buch Jesaja: »Tauet ihr Himmel von oben, ihr Wolken regnet herab den Gerechten: Die Erde tue sich auf und sprosse den Heiland hervor« (Jes 45,8).

Nach Gott schreien, voll Verlangen sein Kommen erwarten, hoffen, dass er doch endlich zu uns kommen mag – wer kennt das schon noch? Wer erlebt wirklich noch das Gefühl der Erwartung, der Vorfreude, jetzt in diesen adventlichen Tagen? Sind wir nicht vielmehr Menschen, die alles so hinnehmen, wie es kommt, die nahezu emotionslos auf Weihnachten zulaufen? Und wenn es schon Gemütsregungen sein müssen, dann sind es doch nur Stress, Hektik und jedes Jahr aufs Neue die Frage, warum Weihnachten nicht schon wieder vorbei sein kann. Anstatt das Kommen Gottes in diese Welt zu ersehnen, hegen wir heimlich den Wunsch, schon wieder mitten im Januar zu stehen und den Rummel wieder einmal glücklich überlebt zu haben. Wenn ich in diesen Tagen durch die Stadt gehe und sehe, wie so viele Menschen die Geschäfte erstürmen, um ihre Weihnachtseinkäufe zu tätigen, kann ich diesen Wunsch gut nachvollziehen. Von einer adventlichen Stimmung im ursprünglichen Sinn ist da nichts mehr zu spüren. Und ich überlege mir im Stillen, wie vielen Menschen wohl in diesem Advent in den Sinn kommt, nach Gott zu rufen und seine Ankunft in dieser Welt zu erwarten.

Besitzt der Ruf »Tauet ihr Himmel von oben, ihr Wolken regnet herab den Gerechten« überhaupt noch Aktualität? Warten wir überhaupt noch auf das Kommen Gottes in diese unsere Welt, auf sein Hereinbrechen mitten in unseren Alltag? Es lohnt, sich diese Fragen einmal bewusst zu machen. Viel zu leicht gehen wir im Trubel des Advents mit unserer Sehnsucht nach Gott unter. Viel zu schnell bleibt das Wesentliche auf der Strecke und die Vorbereitungen für die Weihnachtstage nehmen überhand.

Die Adventszeit muss eine Auszeit sein. Eine Zeit, in der wir ganz bewusst den inneren Weg mitgehen können von den Erwartungen des Volkes Israel, vom sehnsuchtsvollen Rufen so vieler Menschen nach Rettung und Heil, bis hin zum tatsächlichen Eintreffen Gottes in dieser Welt. Über Nacht ist Weihnachten geworden für Israel, ist Gott gekommen, hat er die Verheißungen des Alten Bundes erfüllt. Der Tau aus den Himmeln hat die Erde benetzt, der Gerechte ist gekommen, um Gerechtigkeit zu bringen für die Menschen und für die ganze Welt. Doch vorausgegangen sind die langen, mageren Jahre des Rufens, des Flehens, des Bittens. Über Jahrhunderte hinweg hat das Volk das Kommen des Messias erhofft. Generation um Generation hat ihn erwartet. Und ganz plötzlich hat sich das alles erfüllt. In der Nacht, im Stall von Betlehem, hat die Erde den Heiland hervorgebracht.

So dürfen uns die Tage des Advents nicht lästig werden ob der vielen Dinge, die noch erledigt werden müssen. Sie wollen uns vielmehr hineinnehmen in die große Erwartung, in die unendliche Hoffnung des Volkes Israel. Mit den unzähligen Betern damals dürfen auch wir heute wieder rufen: »Tauet ihr Himmel von oben, ihr Wolken regnet herab den Gerechten: Die Erde tue sich auf und sprosse den Heiland hervor.« Weil Weihnachten kein vergangenes Geschehen ist, weil Gott immer wieder in unsere Welt kommen will. Und weil letztendlich auch wir, jeder und jede von uns, das Kommen Christi in diese, unsere Welt erwarten dürfen.

Fürbitten

Im Dunkel unseres Lebens fehlt uns oft ein Hoffnungsschimmer. Im Dunkel unseres Lebens verzweifeln wir und finden keinen Ausweg. Zu unserem Gott, der den Ruf seines Volkes hört und sich von seinen Nöten rühren lässt, dürfen wir beten: *Herr, leuchte ihnen auf!*

Wir beten für alle Menschen im Dunkel der Eifersucht und des Neides, des Hasses und Misstrauens: …

Wir beten für alle Menschen im Dunkel des Egoismus und der Selbstsucht, der Verschlossenheit und Beziehungslosigkeit: …

Wir beten für alle Menschen im Dunkel des Krieges und der Gewaltherrschaft, der Unterdrückung und Ausbeutung: …

Wir beten für alle Menschen im Dunkel der Krankheit und Gebrechen, der Abhängigkeit und Unfreiheit: …

Du erschaffst das Licht und erhellst alle Finsternis. Du bist der Stern, der uns in der Dunkelheit aufleuchtet und den Weg zum Leben weist. Dein

Kommen in unsere Welt erwarten wir voll Hoffnung und Sehnsucht. Du bist derselbe gestern, heute und in Ewigkeit.

Meditation nach der Kommunion

Der Tau aus der Höhe
begießt die Erde
und befeuchtet das trockene Land.

Der Tau aus der Höhe,
unerwartet sinkt er zur Erde nieder
in den dunklen Morgenstunden.

Der Tau aus der Höhe
lässt wachsen und aufblühen,
was dürr und vertrocknet daliegt.

Der Tau aus der Höhe
kommt, um unser Leben zu benetzen
und neues Leben möglich zu machen.

Der Tau aus der Höhe
lässt unser Leben aufblühen,
damit wir zu neuen Menschen werden.

Segen

Es segne euch der gute Gott, der Licht in das Dunkel unseres Lebens bringt und alle Nacht hell macht.

Es segne euch der barmherzige Gott, der alles Unheil aus dieser Welt schafft und alles, was entzwei ist, heil macht.

Es segne euch der rettende Gott, der mitten in unser Leben einbricht und uns seine Liebe schenkt.

8. Dritter Adventssonntag

»Freut euch zu jeder Zeit«

Einzug (GL 223, 3: »Wir sagen euch an den lieben Advent«; GL 222, 1, 9: »Herr, send herab uns deinen Sohn«; GL 228, 1, 3: »Tochter Zion, freue dich«)

Einführung (1 Thess 5,16–24; Phil 4,4–7)

»Freut euch zu jeder Zeit«, ruft uns der Apostel Paulus in der Lesung zu. Von dieser Freude hat der dritte Adventssonntag auch seinen Namen: »Gaudete« – »Freut euch«.

Freude können wir tatsächlich empfinden im Blick auf das große Fest, das schon unmittelbar vor der Tür steht. Wir dürfen uns freuen, weil Gott selbst in diese Welt kommt, weil er unser Menschsein annimmt und vollendet. Wir dürfen froh sein, dass uns so Großes beschieden ist.

Doch Paulus ruft uns nicht nur zur Freude auf, er leitet uns auch zum Gebet an: »Betet ohne Unterlass.« Beten wir um das Kommen Gottes, dessen Ankunft wir in diesen Tagen erwarten. Beten wir, dass wir ihn mit wachen und bereiten Herzen empfangen. Und beten wir, dass Gott auch bei uns Mensch wird.

Kyrie I (Jes 35,1–6a.10)

Jesus Christus, denen, die blind sind vor Eifersucht und Neid, tust du die Augen auf, damit sie das Gute im Mitmenschen sehen können.

Jesus Christus, denen, die nur das hören wollen, was ihnen gerade recht kommt, öffnest du die Ohren, damit sie deine Frohe Botschaft vernehmen können.

Jesus Christus, denen, die gelähmt sind vor Angst und Trauer, schenkst du neue Kraft, damit sie gestärkt ihre Lebenswege gehen können.

Kyrie II (Jes 61,1–2a.10–11; Joh 1,6–8.19–28)

Herr Jesus, du Licht, das alle Dunkelheit unseres Lebens hell macht.

Du machst alle frei, die in Egoismus und Selbstsucht gefangen sind.

Du schenkst den Armen und Kranken neue Hoffnung, du heilst die gebrochenen Herzen.

Impuls für eine Ansprache I (Mt 11,2–11; Joh 1,6–8.19–28; Lk 3,10–18)

Menschen, die häufig ihre Meinung wechseln, kennen wir nur zu gut. Sie sind heute für dieses und gegen jenes und morgen wieder umgekehrt. Wie ein Fähnchen, das sich bereits vom leichten Lüftchen hin und her bewegen lässt, verhalten sie sich. Sie ändern ihre Einstellung so, wie es gerade günstig erscheint, je nachdem aus welcher Richtung im Moment der Wind weht. Solche Menschen lassen sich oftmals leicht von außen beeinflussen und manipulieren, sie laufen der Menge nach und suchen deren Ansehen. Kritische Töne kann man von solchen Zeitgenossen nur selten vernehmen.

Scheinbar glaubte die Volksmenge, in Johannes dem Täufer auch so einen Menschen anzutreffen. Einen, der überaus anpassungsfähig ist, der heute das Gericht predigt und morgen wieder die süßesten Töne von sich gibt. So einer wäre für die meisten damals recht angenehm gewesen. Er redet den Menschen nach dem Mund, schmeichelt ihnen, er sagt nur das, was man auch hören will. Doch Johannes ist da anders eingestellt. Er lässt sich nicht von der Volksmenge verbiegen, bleibt vielmehr seinem Vorsatz und seiner Botschaft treu. Er ist kein Schilfrohr, das sich doch so leicht vom Wind bewegen lässt, das ganz ohne Schwierigkeit zum Schwanken zu bringen ist. Johannes steht zu seiner Meinung, auch wenn sie mehr als kritisch ist und der Volksmenge überhaupt nicht schmeckt. Felsenfest steht er zu seinen Worten des bevorstehenden Gerichts, dem man nur durch wirkliche Umkehr entkommen kann. Das, was er von seinen Zuhörern erntet, ist harsche Kritik. Wer lässt sich schon gerne von so einem dahergelaufenen Wüstenmenschen das Leben schwer machen?

Weil wir Menschen oft bequem sind und nur das hören, was uns gerade in den Kram passt, hat es Johannes nicht leicht. Er stört im friedlichen Bild der Gesellschaft. Seine Botschaft passt nicht in ein harmonisches Miteinander. Seine Kritik trifft das, was das Leben gerade so schön und leicht macht. Deswegen wird Johannes schnell zum Außenseiter und von den meisten nicht mehr ernst genommen. Der so unbequeme Zeitgenosse wird gemieden, seine Botschaft verdrängt. So sehr sich die einen zu ihm hinwenden, sich von ihm taufen lassen und in seine Nachfolge treten, so sehr wenden sich die anderen von ihm ab und scheuen den Umgang mit ihm.

Johannes der Täufer gehört zu den großen Gestalten der Adventszeit, an dem wir auch heute noch nicht vorbeikommen. Er wollte mit seiner Botschaft aufrütteln, die Menschen verändern, zum Nachdenken bewegen. Mit seinem Standpunkt hat er trotz allen Gegenwindes und aller Kritik viel dazu beigetragen. Mit seinem ganzen Leben hat er auf den verwiesen, der nach ihm kommt und der so viel größer ist als er: Jesus Christus.

Lassen auch wir uns in dieser Adventszeit wieder aufrütteln von den Menschen, die unser harmonisches Weihnachtsbild zerstören, die nicht in diese ruhige und besinnliche Adventszeit passen wollen. Tagtäglich begegnen sie uns in den Nachrichten, im Fernsehen oder draußen auf der Straße:

- Arme und Kranke,
- alte und von der Familie ausgestoßene Menschen,
- Heimatlose und die, die ihr Zuhause durch ein Unglück verloren haben,
- Menschen in den Kriegs- und Krisengebieten dieser Erde,
- unterernährte Kinder und Kindersoldaten,
- Familien am Existenzminimum,
- jene, die einen lieben Menschen verloren haben.

So vieles mehr wäre aufzuzählen, was wir an Weihnachten beim gemütlichen Beisammensein mit der Familie gerne vergessen und verdrängen. Aber wie Johannes gehören die Not und das Leid von so vielen Menschen, Erwachsenen, Kindern und Jugendlichen zu Weihnachten dazu. Wie Johannes stören sie unser bequemes Leben, unsere friedvolle Vorstellung von Weihnachten. Doch dürfen wir nicht taub werden für ihre Hilferufe und nicht blind sein, wenn sie uns begegnen. Denn sie alle verweisen auf den, der da kommen soll: Jesus Christus.

In seiner Geburt ist Gott Mensch geworden und hat sich der Welt und uns Menschen angenommen. An Weihnachten hat sich Gott in die tiefste Not und das größte Elend begeben. Deswegen ist Weihnachten kein bequemes Fest, sondern das Fest der unendlichen Liebe Gottes zu den Menschen in allen Lebenslagen, in aller Not, in aller Traurigkeit, in allem Elend.

Johannes der Täufer hat mit seinem Auftreten und seiner aufrüttelnden Botschaft auf Jesus und sein nahes Kommen hingewiesen. Gehen wir in diesen vorweihnachtlichen Tagen mit offenen Augen und Ohren durch die Welt und begegnen wir Menschen, deren Lebenssituation, deren Botschaft, deren Auftreten uns bewegt und uns im Herzen berührt. Und erweisen wir diesen Menschen die Liebe, wie sie Gott uns an Weihnachten in seinem Sohn erwiesen hat!

Impuls für eine Ansprache II (Jes 35,1–6a.10)

Die Wüste ist der Ort der Lebensfeindlichkeit schlechthin. Wer ohne Wasser und Proviant in die Wüste geht, der ist verloren. Weder Nahrung noch menschliche Hilfe wird er dort finden. Es gibt nichts, nur drückende Hitze und weite, unüberblickbare Sanddünen. Wer ohne ortskundige Führung nur auf sich allein gestellt das Abenteuer »Wüste« auf sich nimmt, spielt oft mit dem Leben. Denn die Wüste ist ein Ort voller Überraschungen und zugleich voller Gefahren. Wilde Tiere, giftige Schlangen und Skorpione sind schon manch einem zum Verhängnis geworden. Und während die brütende Hitze am Tag den Körper an seine Grenzen führt, bringt die nächtliche Kälte schnell Erfrierungen mit sich. Die Wüste: eine Gegend, in der menschliches Leben schier unmöglich erscheint.

Die Wüste ist auch in unserer Heiligen Schrift immer wieder Thema. 40 Jahre wandert das Volk Israel durch die Wüste, bevor es aus der ägyptischen Knechtschaft befreit ins Gelobte Land einziehen darf. Der Prophet Elija zieht sich resigniert in die Wüste zurück, wo er sich verzweifelt den Tod wünscht. In der Wüste tritt auch der Letzte der Propheten, Johannes der Täufer, auf. Dort kündigt er das Kommen des Messias an und ruft das Volk zur Umkehr. Und Jesus selbst begibt sich 40 Tage und 40 Nächte in die Wüste, um Buße zu tun und sich auf sein öffentliches Auftreten vorzubereiten. Im biblischen Kontext begegnet uns die Wüste als Ort der inneren Einkehr, der Besinnung, aber auch der Läuterung und Reinigung. Das Volk Israel kann nicht ohne Weiteres in das verheißene Land einziehen. Es benötigt die Wüstenjahre, um die von Gott gegebene Gesellschaftsordnung zu verinnerlichen. Jesus kann nicht von heute auf morgen seine Predigttätigkeit beginnen. Er braucht die Tage in der Einsamkeit, um Gott neu zu begegnen und sich seiner Sendung bewusst zu werden.

Von der Wüste spricht auch der Prophet Jesaja. Und er stellt sie in einen völlig anderen Kontext. Die Wüste ist für Jesaja der Ort neuer Hoffnung. Dort eröffnen sich unbekannte Horizonte, dort ergeben sich ungewohnte Perspektiven. Blühen wird sie, die Wüste, und freuen soll sie sich. Prächtig wird sie erstrahlen, schöner als eine Lilie ist sie anzusehen. Nichts ist mehr zu spüren von Wasserknappheit und sengender, alles verdorrender Hitze. Alles wird anders sein in jenen Tagen, die Jesaja uns verheißt. Es werden Tage voll des Heils sein, in denen wir mit neuem Mut aufrichtig unsere Wege gehen dürfen. Tage, in denen das Alte Vergangenheit ist, in denen alles Lebensbedrohliche und Lebensfeindliche nicht mehr sein wird. Wir dürfen neue Hoffnung haben. Denn was jetzt noch so unvollkommen und fragmentarisch vor uns liegt, wird ganz und kräftig werden. Die Augen der Blinden, sie werden sehen, die Ohren der Tauben dürfen wieder hören. Alles wird gut sein. Auf jene Tage leben wir hin, auf sie läuft unser ganzes Leben zu. Es sind die Tage, an denen Gott kommt, an denen er sich uns von Neuem zuwendet. Einst wird Gott die Erde vollenden, dann wird die Schöpfung vollkommen sein. Alles Böse und Schlechte hat in dieser Welt keinen Platz mehr. Verwandeln wird sich alles, Gottes Liebe zum Leben wird überall sichtbar werden.

Der Text des Jesaja verweist uns in die Zukunft. Der Tag, an dem Gott kommt, liegt noch vor uns, auf ihn hin leben wir zu. Die vollendete Schöpfung ist noch fern, noch leben wir in der Unvollkommenheit. Und doch kann dieser Ausblick auf die Zukunft bereits unser jetziges Leben beeinflussen und neu ausrichten. Denn was einst Gott selbst vollenden wird, das dürfen wir mit unserer kleinen Kraft jetzt schon in die richtigen Bahnen lenken. Dort, wo Leben krank und zerbrochen ist, dürfen wir mit unseren Worten und Taten Hoffnung schenken. Dort, wo alles auf Zerstörung des Lebens aus ist, dürfen wir für den Schutz des Lebens und seinen besonderen Wert eintreten. Dort, wo es scheinbar kein Leben geben kann, weil die äußeren Umstände sein Wachstum verhindern, dürfen wir uns einmischen, damit Leben groß und reich wird. Heute schon können wir die Wüste zum Blühen bringen, wenn wir uns tatkräftig für das Leben einsetzen. Dann fängt bereits heute an, das Wirklichkeit zu werden, was Jesaja für die Zukunft verheißt. Dann können wir voll Zuversicht die Vollendung der Welt erwarten, wenn Gott kommt, um das Leben neu aufzurichten.

Impuls für eine Ansprache III (Jes 61,1–2a.10–11)

Eingesperrt zu sein ist wohl eines der schlimmsten Dinge, die mir widerfahren könnten. Nicht raus zu können, eingeengt in einem kleinen Raum, irgendwo hineingepfercht ohne Ausweg: In dieser Situation würde ich vermutlich bald verzweifeln. Denn ich bin ein Mensch, der seine Freiheit liebt. Wenn ich zu lange am Schreibtisch sitze, weil es so viel Arbeit gibt, zieht es mich nach draußen. Und ich kann mir nichts Schöneres vorstellen, als am Abend noch einmal eine kleine Runde spazieren zu gehen. Es ist immer wieder ein Genuss, im Sommer, wie im Winter, bei strahlender Abendsonne, aber auch wenn die Straßen weihnachtlich beleuchtet sind und leise Schnee fällt. Dann spüre ich: Ich bin dankbar für diese Freiheit, die mir geschenkt ist. Ich bin privilegiert, heute hierhin gehen zu können und morgen woanders hin, je nachdem, wie mir der Sinn steht. Wenn ich ganz viel Freiraum brauche und Abstand zu meinen vier Wänden zu Hause, dann kann ich mich in den Flieger setzen und irgendwo auf dieser schönen Welt ausspannen.

Dass es nicht allen Menschen so gut geht, ist mir durchaus bewusst. In meiner Nachbarschaft wohnen Flüchtlinge, die gewaltsam aus ihrer Heimat Syrien vertrieben wurden. Sie hatten nicht die Möglichkeit, sich zu entscheiden, wo es hingehen soll. Ihnen war es verwehrt, sich aus freien Stücken einen Ort zu suchen, der ihnen zu einer neuen Heimat wird. Sie waren gezwungen wegzugehen von zu Hause, sie mussten in ein sicheres Land. Terror und bewaffnete Konflikte mussten sie erleben – keine Spur von Freiheit. Und noch so viele andere Menschen gibt es, die unfrei sind. Die zahlreichen Häftlinge in den Gefängnissen unserer Welt, die eingesperrt leben in einer Zelle. Die vielen Menschen, in immer noch so zahlreichen Ländern unserer Erde, die nicht gehen können, wohin sie wollen. Die Menschen, die innerlich gequält und eingeengt sind, denen jeglicher Weitblick und alle Freiheit im Tun und Denken fehlen. Unfreiheit, die gibt es auch heute noch. Ganz unmittelbar in meiner eigenen Umgebung muss ich das häufig wieder erfahren. Und gelegentlich, da merke ich an mir selbst, wie auch ich manchmal in einem Gefängnis bin, eingeschränkt von meinen eigenen Ansichten und Ideen. Da kann ich äußerlich noch so frei sein und gehen und kommen, wann ich will. Wenn ich in mir selbst nur noch Enge und Beschränktheit empfinde, kann ich auch meine sonstige Freiheit nur noch bedingt nutzen.

Wie gut tun da die Worte, die uns der Prophet Jesaja heute in der Lesung zuruft! Da kommt einer, so kündet er an, der zerbricht unsere Abhängigkeit, der heilt unsere Herzen. Freiheit verspricht er den Gefesselten und den Gefangenen verheißt er Befreiung. Das ist ein wunderbarer Mensch mit einer großen Botschaft, die mich selbst wieder groß sein lässt. Da kommt einer, der mich aus meiner Begrenztheit herausreißt, der mir neue Wege aufzeigt, wo ich so lange schon am Verzweifeln bin. Wo ich mich vielleicht selbst manchmal unfrei mache, da sprengt er die Ketten, da darf ich neu aufatmen und mit offenem Herzen seine Frohe Botschaft vernehmen. Das ist ein wundervolles Bild, das sind befreiende Worte, die Jesaja uns zuspricht. Der, welcher mit dem Geist Gottes gesalbt ist, ist Jesus Christus. In der Synagoge von Nazaret, so erzählt es das Lukasevangelium, verliest Jesus eben diese Stelle aus dem Propheten Jesaja und fügt ihr hinzu: »Heute hat sich dieses Schriftwort erfüllt.« Er ist es, von dem der Prophet dies alles sagt. Er ist es, in dem sich erfüllt, was Jesaja uns verheißt.

Gott kommt in Jesus Christus in diese unsere Welt, nicht um uns einzuengen, nicht um uns mit Gewalt an sich zu binden. Er will uns befreien, er will uns jene Freiheit schenken, die das menschliche Leben braucht, um wirklich lebenswert zu sein. Dieser Gott, der in Jesus Mensch wird, will uns herausführen aus der Enge, in die wir uns manchmal selbst hineinbringen. Frei sein von all unseren Zwängen, Ängsten, Sorgen und Nöten, von all dem, was uns immer wieder bindet und einengt: Das können und das dürfen wir, weil wir in Jesus Christus absolute Freiheit geschenkt bekommen haben. Die gesellschaftlichen Kategorien von arm und reich, sozial schwach und niedrig hat er zerstört. Für ihn waren alle Menschen reich und es wert, am himmlischen Gastmahl teilzuhaben. Die hemmende Qual und den psychischen Druck so vieler Krankheiten hat er eingeebnet. Denn im Himmelreich gibt es keine Unterjochung mehr. Diese Freiheit des Himmels hat er den Menschen damals gebracht. Den in sich selbst Gefangenen hat er die Entlassung aus ihrer Knechtschaft verkündet. Den von Zwängen Gefesselten hat er die Befreiung aus allen Ideologien kundgetan. Aus dieser Hoffnung, dass auch uns dieser Ruf Jesu zur Freiheit gilt, dürfen wir unser Leben gestalten. Aus dieser Hoffnung dürfen wir neue Wege gehen, dürfen wir das Leben in vollen Zügen genießen, weil er selbst die letzte Einengung des Lebens, den Tod, überwunden hat.

Meine Freiheit genieße ich nun noch ein bisschen mehr. Und ich weiß, dass ich nicht mehr nur eine Ausnahme sein werde, weil Gottes Freiheit allen Menschen gilt. So darf ich beten, glauben und hoffen, dass alle Menschen erfahren, was es heißt, frei zu sein. Frei von aller Bedrängnis, frei von allen Grenzen, frei zum Leben.

Fürbitten

Voller Sehnsucht erwarten wir das Kommen Gottes in unsere Welt. Schon heute dürfen wir vor ihn hintreten mit allem, was uns bedrückt und bedrängt, was uns Freude und Hoffnung macht. Zu Gott lasst uns beten: *Höre, Gott, erhöre uns.*

Für die Menschen, die unter Rassismus und Fremdenfeindlichkeit zu leiden haben. ...

Für die Menschen, die taub und blind sind für das, was ihre Mitmenschen bewegt, und die nur um sich selbst kreisen. ...

Für die Menschen, die Angst vor der Zukunft haben und die nicht wissen, wie sie den morgigen Tag überleben können. ...

Für die Menschen, die in dieser Welt gestorben sind im Glauben an die Auferstehung von den Toten. …

Großer Gott, du bist die Liebe und Güte. Alles wirst du in deiner Gnade zum Guten führen. Dich loben und preisen wir.

Meditation I (Jak 5,7–10)

Manchmal haben wir Menschen
überhaupt keine Geduld.

Dann muss es möglichst schnell gehen,
weil wir alles können, nur nicht warten.

Hektik und Stress sind die Resultate;
ich möchte alles haben: heute und sofort.

Geduldig müssen nicht nur die Kinder in dieser
Adventszeit auf Weihnachten warten.

Geduld ist auch bei uns gefragt.
Weihnachten wird es nicht von heute auf morgen.

Vorher ist Advent: Zeit der geduldigen Erwartung,
Zeit der Vorfreude.

Üben wir uns in Geduld, stärken wir unsre Herzen,
denn die Ankunft des Herrn steht nahe bevor.

Meditation II (Phil 4,4–7)

Friede
sprechen wir uns in jedem Gottesdienst zu:
Der Friede sei mit dir!

Friede
ist ein Wunsch für so viele Menschen,
die in Krieg und Gewaltherrschaft leben.

Friede
ist die Sehnsucht einer Welt,
die gequält ist von Verfolgung und Konflikten.

Friede
ist manchmal so weit weg,
dass er unerreichbar erscheint.

Friede
bringt uns der gute Gott, weil er allen
Auseinandersetzungen ein Ende macht.

Friede
können wir nicht begreifen und verstehen,
aber von Gott erbeten und erhoffen.

9. Empfang des Friedenslichtes aus Betlehem

»Tragt in die Welt nun ein Licht«

Je nach den örtlichen Gegebenheiten kann das Friedenslicht beispielsweise in Form eines feierlichen Abendlobs empfangen werden. Das Friedenslicht wird zu Beginn in die dunkle Kirche getragen. Für die Mitfeiernden sollten Kerzen bereitstehen, die während der Feier entzündet werden. Das Friedenslicht kann nach dem Einzug in einer Laterne im Altarraum abgestellt werden und nach Möglichkeit über die Weihnachtstage dort brennen.

Sollte diese Feierform nicht möglich sein, kann auch in einer Eucharistiefeier besonders auf das Friedenslicht eingegangen werden. Hierfür können die hier abgedruckte Einführung und die Fürbitten Verwendung finden. Am Ende des Gottesdienstes sollte die Einladung an die Gläubigen erfolgen, das Licht mit nach Hause zu nehmen und in den Häusern zu entzünden.

In der Kirche ist es dunkel. Der Vorsteher (und Ministranten) begeben sich zum Hauptportal der Kirche. Dort befinden sich bereits Pfadfinder (o.Ä.) mit dem Friedenslicht.

Eröffnungsruf (GL 659,1: »Im Namen unseres Herrn«)

Einführung

In der Dunkelheit der Nacht ist uns das Licht aufgestrahlt, das uns in aller Finsternis leuchtet. Jesus Christus ist der Morgenstern, der in Ewigkeit nicht untergeht, dessen Schein sogar das Dunkel des Todes erhellt. Sein Kommen erwarten wir in diesen Tagen. Wir sehnen uns danach, endlich den Stern am Himmel aufleuchten zu sehen, der uns den Weg zur Krippe weist.

Eine alte Tradition ist es mittlerweile schon, dass sich Pfadfinder aus der ganzen Welt zusammentun und zu Lichtbringern für unsere Zeit werden. In Betlehem, an der Geburtsgrotte, entzünden sie eine Kerze, deren Licht sich auf dem ganzen Globus verbreitet. Überall empfangen die Menschen in diesen adventlichen Tagen das Friedenslicht. Es erinnert uns daran, dass wir alle in der Geburt Jesu miteinander verbunden sind. Wir sind Schwestern und Brüder in seinem Namen.

Wenn wir nun das Licht von Betlehem in unsere dunkle Kirche tragen, dürfen wir an die vielen Menschen denken, deren Leben von seinem Strahl hell wird. Besonders wollen wir für die beten, die in Krieg und Unfriede leben, dass das Licht von Betlehem ein kleiner Hoffnungsschimmer für sie ist.

Zum Einzug mit der Kerze: GL 230 »Gott, heilger Schöpfer aller Stern« oder »Tragt in die Welt nun ein Licht« (Liederbücher), dabei werden die Kerzen der Mitfeiernden entzündet.

Lichtdanksagung

V Unsere Hilfe ist im Namen des Herrn.

A Der Himmel und Erde erschaffen hat.

V Wir danken dir, Herr, allmächtiger Gott, denn du hast die Erde hell gemacht mit deinem Licht. Den Mond und die Sonne hast du geschaffen, damit sie uns leuchten und Leben auf der Erde gedeihen lassen.

Als das Volk Israel in der Sklaverei gefangen war, hast du es herausgeführt und zum Licht für alle Völker gemacht. In deinem Sohn Jesus Christus ist uns die Sonne der Gerechtigkeit aufgestrahlt, die alle Schatten erhellt, die Finsternis schwinden und Leben im Tod erstehen lässt. Die Menschen hatten alle Hoffnung verloren, da kam er in die Welt, um alle aufzurichten, die am Boden lagen. Er verkündete mit Vollmacht das nahegekommene Reich Gottes, das Reich des Lebens und der Liebe. Er lädt uns ein an seinen Tisch, damit wir teilhaben an diesem Reich. Er ist unser Friede, der allem Terror ein Ende macht, die Mächtigen in die Schranken weist und die Unterdrückten errettet. Allmächtiger Gott, wir bitten dich: Lass uns dein Licht aufstrahlen, damit wir deine Wege gehen können, damit wir voll Zuversicht das Kommen deines Sohnes in unsere Welt erwarten. Darum bitten wir dich durch ihn, Jesus Christus, deinen Sohn, unseren Herrn und Gott, der mit dir lebt und Gott ist in Ewigkeit.

A Amen.

Psalmodie (GL 47,1.2: Psalm 72)

Schriftlesung (Joh 8,12–20)

Responsorium (GL 634,2 »Ostende nobis Domine« oder »Mache dich auf und werde Licht« [Liederbücher])

Magnificat (GL 634,3.4: »Lobgesang Mariens« oder GL 395: »Den Herren will ich loben«; oder »Groß sein lässt meine Seele den Herrn« [GL-Diözesananhänge oder Liederbücher])

Fürbitten

Jesus Christus ist das Licht der Welt, das uns den Weg zum Leben weist. Zu ihm wollen wir beten und in unseren Anliegen rufen: *Ruf: GL 182,2: »Du sei bei uns in unserer Mitte« oder »O Lord, hear my pray'r« (Liederbücher).*

Jesus, du Licht der Liebe: Wir bitten dich für die Menschen, die dem Hass und der Willkür anderer ausgesetzt sind, die nicht wissen, was wahre Liebe bedeutet. …

Jesus, du Licht des Friedens: Wir bitten dich für die Menschen, die unter gewaltsamen Auseinandersetzungen leiden, für die Kinder und Jugendlichen in den Kriegsgebieten dieser Welt. …

Jesus, du Licht der Hoffnung: Wir bitten dich für die Menschen, die in Israel und Palästina wohnen, dass Mauern fallen und sie sich gemeinsam für eine bessere Zukunft einsetzen können. …

Jesus, du Licht der Barmherzigkeit: Wir bitten dich für die jungen Menschen, die sich Jahr für Jahr einbringen, dass das Friedenslicht in alle Teile dieser Welt getragen wird und die sich so für Gerechtigkeit engagieren. …

Dir, Herr Jesus, vertrauen wir an, was uns auf dem Herzen liegt. Nimm auch die Bitten an, die wir jetzt nicht ausgesprochen haben und die jeder von uns ganz persönlich mit sich trägt. Dir danken wir, dich loben wir in alle Ewigkeit.

Vaterunser

Segensbitte

Der Herr segne uns, damit wir zum Licht werden für die Menschen in den dunklen Winkeln dieser Welt.

Der Herr segne uns, damit wir von seiner Liebe erzählen und seine Menschenfreundlichkeit spürbar machen.

Der Herr segne uns, damit wir voll Freude und Zuversicht Weihnachten erwarten, weil er selbst bei uns Mensch werden will.

Lied zum Abschluss (GL 224: »Maria durch ein Dornwald ging« oder »Im Advent, im Advent ist ein Licht erwacht« [Liederbücher])

10. Bußgottesdienst in der Adventszeit

»Das Reich Gottes ist nahe, kehrt um und glaubt an das Evangelium«

Aus den drei unterschiedlichen Impulsen kann einer ausgewählt werden. Sollten alle drei Impulse in einer einzigen Feier Verwendung finden, kann anstelle des meditativen Orgelspiels auch ein passendes Lied gesungen werden.

Hinführung

Mit dem Auto in einer fremden Stadt unterwegs und plötzlich warnt das Schild: Sackgasse. Hier ist kein Weiterkommen mehr möglich. Es gibt nur eine Chance: wenden und irgendwo anders neu probieren.

Martin sitzt über seinen Mathe-Hausaufgaben. Die Aufgabe scheint nahezu unlösbar zu sein. Eine halbe Stunde grübelt er schon und denkt nach. Denn eigentlich müsste er die Rechnung auf diese Weise lösen können. Doch es geht nicht vorwärts: Sackgasse. Es gibt nur einen Ausweg: noch einmal von vorne anfangen. Andere Möglichkeiten in Betracht ziehen, nicht den einen Weg verbohrt weitergehen.

Mein Leben ist mir schon lange zur Last geworden. Der alltägliche Trott, der Stress in der Arbeit, Probleme in der Familie. Ich fühle mich wie in einer Sackgasse, eingesperrt, eingeengt. Es geht nicht mehr weiter. Um nicht mehr zu verzweifeln, gibt es nur eine Chance: umkehren, einen neuen Blick auf das Ganze werfen, Abstand gewinnen. Und die Straße finden, die nicht blockiert ist.

Sackgassen gibt es im Leben eines jeden Menschen:
Wege, die plötzlich nicht mehr weiterführen,
die blockiert sind durch ein Hindernis.
Ein Weiterkommen in diese Richtung
ist auf diesem Weg nicht möglich.

Sackgasse – je länger wir auch versuchen,
durch sie vorwärtszukommen,
desto größer wird die Frustration,
weil kein Fortschritt feststellbar ist
und wir uns immer nur im Kreis drehen.

Aus Sackgassen gibt es nur einen Ausweg:
zurück und einen andren Weg suchen,
eine Straße, bei der es keine Beschränkung gibt,
durch die man ohne Probleme fahren kann
und am Ende dahinkommt, wohin man unterwegs ist.

Umkehr ist in den Sackgassen unseres Lebens nötig:
ein Überdenken von Alternativmöglichkeiten,
eine Suche nach anderen Wegen, die zum Ziel führen.
Umkehr ist die Chance, unseren Blick zu weiten
und neue Perspektiven auf unser Leben zu gewinnen.

Gebet

Guter Gott, wir Menschen bleiben häufig in den Sackgassen unseres Lebens stecken. Wir verrennen uns in selbst gemachte Ideen und Ideologien. Wir kreisen nur noch um uns selbst und glauben, dass unser Lösungsweg immer der Richtige ist. Wir bitten dich: Gib uns den Mut, umzukehren, wo es nötig ist. Gib uns die Kraft, die Sackgassen, in denen wir stecken geblieben sind, wieder verlassen zu können. Gib uns die Hoffnung, dass wir in dir das Leben finden, wenn wir aus unserer eingeengten Existenz uns zu dir hin kehren.

1. Umkehr, weil Gott kommt

Schrifttext (Mt 3,1–6)

Impuls

Die Stimme, die in der Wüste die Umkehr predigt, ist Johannes der Täufer. Er ist Ankündiger eines Menschen, der nach ihm kommt. Das Volk muss sich bereit machen für die Ankunft dieses Menschen. Wenn er kommt, dann kann man nicht mehr so weitermachen wie bisher. Um ihn empfangen zu können, darf man nicht in sich selbst verhaftet bleiben und seine eigene kleine Welt als das Absolute ansehen. Ein Herumschludern wie bisher gibt es nicht, wenn Gott in diese Welt eintritt. Johannes verkündet, dass die Menschen umkehren müssen. Damit ist eine ganzheitliche Erneuerung gemeint. Ein Sprengen der eigenen Grenzen. Und eine Neuausrichtung auf den hin, der da kommt.

Advent ist die uns geschenkte Zeit, unser Leben zu überdenken, nach neuen Wegen zu suchen. Den Ausbruch aus den Sackgassen zu wagen und unserem Leben neue Orientierung zu geben. Umkehr, weil Gott in unsere Welt kommen will.

Meditatives Orgelspiel

2. Umkehr, weil das Reich Gottes nahe ist

Schrifttext (Mk 1,14 f.)

Impuls

Wie in einem Brennglas ist die ganze Verkündigung Jesu in seinen ersten Worten programmatisch zusammengefasst. Die nahe gekommene Gottesherrschaft anzukündigen, dazu zieht Jesus aus. Das ist sein Grundanliegen. Es treibt ihn an, den Menschen ins Bewusstsein zu rufen, dass Gottes Reich unmittelbar vor der Tür steht. Es bricht bereits in dieser Welt an. Doch vorher ist es notwendig, umzukehren, herauszukommen aus dem alten Trott. Umkehren bedeutet auch Umdenken: das Bisherige aufgeben, Vorurteile abbauen. Denn das Gottesreich kann nur Wirklichkeit werden, wo Menschen ihr ganzes Leben auf Gott hin ausrichten und ihr Leben nach der Botschaft des Evangeliums gestalten.

Meditatives Orgelspiel

3. Umkehr, weil die Begegnung mit Jesus verändert

Schrifttext (Lk 19,1–10)

Impuls

Die Menschen, die Jesus begegnen, bleiben nicht dieselben, die sie vorher waren. Der Zollpächter Zachäus ist hierfür ein Paradebeispiel. Weil er Jesus begegnet ist, muss er umdenken. Plötzlich sieht er in seinem Leben einen neuen Sinn. Einfach so weitermachen wie zuvor, das geht für Zachäus nicht. In Jesus hat er erkannt, was wirkliches Leben ausmacht. Nicht die Ausbeutung der Mitmenschen, sondern die Sorge, dass es ihnen gut geht. Die Begegnung mit Jesus treibt zur Umkehr. Sie ist ein Grund dafür, dass Menschen mit ihrem alten Leben brechen und einen neuen Sinn finden, für den es sich zu leben lohnt. Aus der Sackgasse des Lebens kehren sie um zu ihm, der das Leben in Fülle ist.

Meditatives Orgelspiel

Wechselgesang aus dem Alten Testament (GL 639,5.6: »Bekehre uns, vergib die Sünde«)

Vergebungsbitte

Nahe gekommen ist Gott;
er steht schon vor der Tür.
Seine Ankunft
erwarten wir
in diesen Tagen.

Jetzt ist die Zeit zum Umkehren;
jetzt sind die Tage,
die uns das künftige Heil verheißen,
zu dem wir von Gott selbst
berufen sind.

Nutzen wir die Zeit der Gnade,
aus den Sackgassen unseres Lebens
herauszukommen,
uns aktiv aus ihnen heraus
zum Leben zu bewegen.

Der barmherzige Gott
schenkt uns die Möglichkeit der Umkehr,
dort, wo wir gefehlt haben,
dort, wo wir schuldig geworden sind,
dort, wo unser Leben zerbrochen ist.

Der liebende Gott
schenkt uns sein Erbarmen,
verzeiht unsere Unzulänglichkeit,
führt uns aus den Sackgassen
heraus hin zum Leben.

Gesang aus dem Neuen Testament (GL 633,8.9: »Dankt dem Vater mit Freude«)

Schlussgebet

Du liebender Gott, allezeit bist du uns nahe. Oft vergessen wir deine Liebe und Nähe, wir vertrauen auf uns selbst und unser eigenes Geschick. Du vergibst uns, wenn wir schuldig geworden sind. Du schenkst uns dein Erbarmen, wo wir Fehler gemacht haben. Du eröffnest uns den Weg zur Umkehr, wo wir uns in Sackgassen verrannt haben. Dich bitten wir: Nimm all das Schlechte und Unvollkommene weg von uns, weg aus unserer Welt. Und leite uns auf dem Weg, der zu dir hinführt.

Segen

Es segne uns Gott, dessen Barmherzigkeit vergibt, wo wir unbarmherzig gewesen sind.

Es segne uns Gott, der uns seine Liebe schenkt, wo wir Menschen die Liebe verweigert haben und lieblos gewesen sind.

Es segne uns Gott, der uns verzeiht, wo wir auf unser Recht gepocht und andere durch unser Tun verletzt haben.

11. Vierter Adventssonntag

»Wir sehnen uns nach deinem Frieden«

Einzug (GL 223,4: »Wir sagen euch an den lieben Advent«; GL 231,1, 4 u. 5: »O Heiland, reiß die Himmel auf«)

Einführung (Mt 1,18–24)

Manchmal macht es Spaß, einfach den Gedanken freien Lauf zu lassen, einfach einmal richtig zu träumen. Im Traum reisen wir in exotische Länder, in längst vergangene Tage oder malen uns aus, wie wohl die Zukunft aussehen wird. Meistens ist unser Träumen ein Wunschdenken, eine Fantasie über eine Zeit, die um so vieles besser ist als unsere. Wir stellen uns ein Leben ohne Leiden und Sterben, eine Welt ohne unnötige Gewalt vor. Wir träumen von einer besseren Zukunft.

Dem heiligen Josef geht es da nicht anders als uns heute. Auch er träumt, auch er hat so seine Vorstellungen von einem besseren Leben. Josef träumt von einem Gott, der mitten in sein Volk kommt. Von einem Gott, der die Lebenswege der Menschen mitgeht, ihre Gefühle und Gedanken nachempfindet. Von einem Gott, dem nichts Menschliches fremd ist. Der Traum des Josef: An Weihnachten wird er Wirklichkeit. Seine Wünsche werden real. Es lohnt sich also zu träumen!

Kyrie

Herr Jesus Christus, Tau aus den Höhen des Himmels, erbarme dich unser.

Herr Jesus Christus, Licht in der dunklen Nacht, erbarme dich unser.

Herr Jesus Christus, Gott der mit uns ist, erbarme dich unser.

Impuls für eine Ansprache I (Lk 1,26–38)

»Deus semper maior«, hat der heilige Ignatius von Loyola einmal gesagt, »Gott ist immer größer.« Das ist durchaus eine Tatsache, die wir immer und immer neu feststellen können. Gott ist größer: Er lässt sich nicht in unsere menschlichen Denkkategorien pressen. Gott lässt sich nicht mit Begriffen festlegen oder definieren, kein Bild kann von ihm entworfen werden. Er sprengt unsere Gedanken, für ihn reichen unsere irdischen Möglichkeiten nicht aus. Weil er so anders ist, so vollkommen verschieden von dem, was wir uns vorstellen und tun können. Deus semper maior – Gott ist eben immer größer.

Weil Gott immer größer ist als wir Menschen, deswegen vermag er auch alles zu tun. Und so sagt es der Engel zu Maria, die vielleicht durchaus an der Größe Gottes zweifelt: Für Gott ist nichts unmöglich. Maria stellt das, was ihr der Engel unterbreitet, infrage. Wie soll das alles geschehen? Biologisch – in rein menschlichen Kategorien gedacht – ist das doch alles gar nicht realisierbar. Doch wo unsere Vorstellungskraft an ihre Grenzen kommt, da setzt Gott ein. Für ihn ist nichts unmöglich, er entzieht unseren Zweifeln den Boden und vollbringt auch das Undenkbare. Das ist unser Gott!

Maria lässt sich auf diesen Ruf des Engels ein, sie stimmt dem Plan Gottes zu, sie gibt ihr Ja zu seinem Vorhaben. Ganz glaubend und vertrauend lässt sie sich auf das Neue und Unbekannte ein. Was sie erwarten wird, das weiß sie jetzt noch nicht. Was – und ob überhaupt etwas – geschehen wird, das kann sie nur erahnen. Unsicher geht sie nun in ihre Zukunft hinein, eben nicht wissend, was sein wird, und nur ganz gewiss, dass alles anders sein wird. Was wird wohl Josef, ihr Verlobter, dazu sagen? Wird er sich trennen, die Verbindung auflösen? Wie soll das Leben mit einem Kind weitergehen? Was wird die Gesellschaft, was werden die Nachbarn, die Freunde meinen? Wird es Rückhalt geben, Zustimmung oder doch eher Ablehnung und Zurückweisung? Die Zukunft liegt im Dunkeln – alles kann geschehen, alle Optionen stehen offen, alle Szenarien können eintreffen. Alles ist möglich – weil sich Maria ganz und gar auf Gott einlässt, für den eben nichts unmöglich ist.

Auch wir brauchen in diesen Tagen diese Offenheit, wie sie Maria an den Tag gelegt hat. An Weihnachten bricht Gott in unsere Welt ein, mitten hinein in unseren Alltag und unser Leben. Und auch für uns gelten die gleichen Fragen, vor denen Maria stand. Sollen wir Gott einlassen in unser Leben? Ihn aufnehmen, damit er in unseren Herzen Mensch werden kann? Was wird sein, wenn ich diesen Schritt auf Gott zu machen? Gebe ich nicht etwas von mir selbst her, verschenke mich an einen anderen und verliere mich dadurch? Gott einlassen: Wird dadurch nicht mein Leben radikal auf den Kopf gestellt? Wie wird die Öffentlichkeit reagieren, wenn ich plötzlich anfange, von Gott zu erzählen, von seiner Güte, seiner Liebe, seiner Menschenfreundlichkeit? Wir stehen vor einer Entscheidung, die unser Dasein verändern und verwandeln kann. Ängstlich blicken auch wir in die Zukunft: Was wird sein, wenn wir uns ganz offen, ganz glaubend an Gott hin schenken? Alles steht für uns offen; was in der Zukunft geschehen wird, das liegt nicht in unserer Hand, das können wir nur schwach erahnen.

Weil Gott immer größer, weil für ihn nichts unmöglich ist, dürfen wir aber glauben und hoffen, dass die Zukunft mit ihm eine gute wird. Wer ihn in sein Leben einlässt, wer zu ihm Ja sagt und seine Verheißungen annimmt, der wird nicht scheitern. Dessen Leben verläuft zwar nicht geradlinig und gesellschaftskonform. Aber es ist ein erfülltes Leben, ein Leben, das in der Hand eines anderen ruht, der unsere Zukunft zum Guten führt. Öffnen wir uns für Gott, verschließen wir nicht unser Herz für den, der da in unsere Welt kommen will. Nehmen wir Gott in unser Leben auf und gehen wir mit ihm den Weg, der vor uns liegt. Für ihn ist nichts unmöglich – er wird uns eine Zukunft bereiten, die voll und erfüllt ist von seiner Liebe.

Impuls für eine Ansprache II (Mi 5,1–4a)

Jerusalem: Während in Deutschland die Menschen das sommerliche Wetter genießen, flammt in Israel der Konflikt um den Gazastreifen neu auf. Wochenlang Bombardement und Anschläge. Auch in Jerusalem heulen die Sirenen. Ein Land im Unfrieden, in das keine Ruhe einkehren will.

Paris: Es sind die schrecklichsten Terroranschläge der neueren Zeit, die ganze Welt steht unter Schock. Der sogenannte »Islamische Staat« treibt nun auch ganz in unserer Nähe sein Unwesen. 130 Menschen werden getötet, mehrere Hundert schwer verletzt. Ein Angriff auf die Freiheit, der große Erschütterung auslöst.

Somalia: Seit 1988 leben die Menschen im ostafrikanischen Staat im Bürgerkrieg. Immer neu wurde der Konflikt durch unterschiedliche machtpolitische Eingriffe und Umwälzungen wieder angefacht. Über eine Million Menschen wurde aus ihrer Heimat vertrieben, fast vier Millionen sind auf Hilfe angewiesen.

Es sind nur drei Schlaglichter; die Aufzählung könnte ohne Weiteres noch um zig andere Beispiele erweitert werden. Krieg und militärische

Auseinandersetzungen finden wir in unserer Welt zuhauf. Überall stoßen wir auf Gewalt und Unfrieden, nirgends scheint man mehr wirklich sicher zu sein. Seitdem der Terrorismus auch Europa erreicht hat, treibt uns die Angst vor neuerlichen Anschlägen um. Es ist ein Leben in Unsicherheit und Sorge, aber auch in der Hoffnung auf Frieden, auf Lösung der Konflikte. Doch so sehr wir uns anstrengen und abmühen: Es will kein Friede werden in dieser Welt. Die Spannungen bleiben. Vielleicht bleiben sie gerade deswegen, weil es immer Menschen gibt, die erfüllt sind von Hass und Streitsucht, die im anderen nur einen Konkurrenten sehen, der die eigene Machtstellung gefährden könnte. Das ist ja auch Ursache unzähliger Kriege gewesen. Die Angst, der andere könnte mir etwas von meiner Macht wegnehmen, könnte etwas von meinem Ansehen rauben. Die Furcht, der andere könnte größer und mächtiger werden als ich es bin. Ein Denken, das nur das Schlechte im Mitmenschen sieht und ihn beständig als Feind wahrnimmt, vor dem es sich zu schützen gilt. Ein Denken, dem wir in unserer Welt und Gesellschaft immer wieder begegnen und oftmals auch begegnen müssen. Vielleicht würden wir manchmal anders handeln, aber der Druck von außen lässt es nicht zu, drängt uns auf einen Weg, den wir zu gehen haben. So entsteht aus Gewalt immer nur Gegengewalt, aus Hass immer nur wieder Hass, aus Terror nur das Aufflammen neuer Auseinandersetzungen.

So ganz anders ist die Zeit, von der uns der Prophet Micha berichtet. Eine Frau wird einen Sohn gebären, er wird ein Guter Hirt sein. Aber er ist auch einer, der Macht besitzt. Doch er setzt diese seine Macht nicht ein, um andere zu unterdrücken und zu tyrannisieren. Denn noch etwas anderes verheißt Micha über ihn: Er wird der Friede sein. Er wird seine Macht in Anspruch nehmen, dass Menschen menschenwürdig leben können. Er wird seine Macht dazu benutzen, Versöhnung zu schaffen, dort wo es nur Hass und Streit gibt. Das ist der Retter, den Micha uns verheißt, das ist unser Gott, dessen Kommen wir in diesen Tagen erwarten. Es ist Jesus, der all das in seinem Leben verwirklicht. Er ist der Hirte, der die ihm anvertrauten Schafe in Liebe weidet und hütet. Er handelt im Namen seines Vaters, richtet die Menschen auf, die darniederliegen, schafft den ungerecht Behandelten wieder Recht. Und er ist der, der Friede werden lässt. Ein Friede freilich, der im Kleinen beginnt: im Annehmen des Nächsten, der ihm begegnet, in den Mahlgemeinschaften mit den Armen und Ausgestoßenen. Dort verwirklicht sich bereits der himmlische Friede, der in Jesus Christus zu uns auf die Erde gekommen ist.

Weil er unser Friede und unsere Versöhnung ist, dürfen wir es ihm gleichtun und zu Friedenstiftern in unserer Welt werden. Dieser Friede, er beginnt im Unscheinbaren: Dort, wo wir unseren Feinden die Hände reichen, wo wir einander einen Neubeginn schenken. Da ist der Keim gelegt, der unaufhaltsam seine Kraft entfaltet und groß hinaufwächst. Es braucht unsere Kraft und unseren Einsatz dazu. Das Beispiel Jesu ruft uns zur Nachahmung auf und fordert uns heraus, es ihm immer neu gleichzutun. Denn wenn wir es beginnen, wenn wir mit Mühe und Geduld den Frieden suchen, dann wird er ihn vollenden. Wir erwarten seine Ankunft in dieser Welt, wir hoffen auf sein Kommen. Dann wird alles umfassender Friede sein. Dann wird es keine Gewalt und keinen Krieg mehr geben, und er wird unser Friede sein.

Impuls für eine Ansprache III (Jes 7,10–14; Mt 1,18–24)

Ewige Treue versprechen sich zwei Menschen, wenn sie vor dem Angesicht Gottes den Bund der Ehe schließen. »Willst du deine Frau lieben und ehren in guten wie in bösen Tagen«, lautet die berühmte Frage, die im Normalfall mit »Ja« zu beantworten ist. Doch soll es auch schon bei Trauungen vorgekommen sein, dass die vermeintlich falsche Antwort gegeben wurde: Plötzlich hieß es nicht »Ja«, sondern »Vielleicht« oder »Schauen wir mal«. Dem Priester, der die Frage an das Brautpaar richtete, war die Verwirrung ins Gesicht geschrieben. Denn so etwas geht natürlich bei der kirchlichen Eheschließung nicht. Entweder wir sagen Ja zueinander und stehen zum anderen in allen Lebenslagen oder wir lassen es ganz bleiben. Ein »Vielleicht« gibt es in diesem Fall eigentlich nicht. Denn den Partner anzunehmen und ihn zu lieben heißt ganz bewusst: ihn zu bejahen, in all dem, was auch auf die Ehe zukommen wird. Ewige Treue eben, in guten wie in bösen Tagen.

Was die Brautleute einander versprechen, ist schon etwas Großartiges. Da geht es nicht um die schnelle Liebe für zwischendurch, die heute beginnt und morgen schon wieder verflossen ist. Man kann sich nicht für einen Menschen entscheiden und wenn dann die ersten Probleme kommen, die Sache auf sich beruhen lassen und es mit einem anderen Partner versuchen. Die christliche Ehe lebt von diesem Ja-Wort, das sich die beiden Brautleute bei der Trauung zusprechen. Es ist ein Ja, das konkret heißt: Ich nehme dich an, so wie du bist, und ich will zu dir halten, was auch auf uns zukommt, was sich auch alles ereignen mag – meine Liebe zu dir ist so groß, dass sie all das überstehen wird. Das beinhaltet auch manchmal einen Kampf um die Beziehung, ein Ringen mit der eigenen Person, den eigenen Ansichten und Meinungen. Denn Treue bis zum Tod ist nicht ein Wert, der im Segen des Priesters bei der Hochzeit sozusagen als Zugabe dazukommt und sich dann schon irgendwie entfalten wird. Treue ist ein Füreinander-sorgen, ein für den Partner Da-sein, gerade in schwierigen Situationen. Da gilt es, ganz bewusst neu Ja zu sagen zum anderen und zur Beziehung und nicht »Vielleicht« oder »Schauen wir mal«.

Von ewiger Treue, vom Mitgehen in allen Lebenslagen sprechen auch die biblischen Texte des vierten Adventssonntages. Da wird die Geburt eines Kindes verheißen, dem man den Namen Immanuel geben soll. Es ist ein sprechender Name: »Gott ist mit uns«. Diesen Namen, ihn soll der Sohn der Maria erhalten, so prophezeit es der Engel dem Josef im Traum. Er ist der, von dem der Prophet Jesaja spricht; er ist der, in dem Gott mit uns Menschen mitgeht, uns begleitet und zu uns steht. Darin manifestiert sich die Treue Gottes zu uns Menschen auf neue, unübertreffliche Weise. In Jesus gibt uns Gott sein Ja, welches seinen Beistand in guten wie in bösen Tagen beinhaltet. Er ist an unserer Seite, wie dreckig es uns auch gehen mag. Immanuel heißt er, weil er sich nicht davor drückt, unsere Wege, die so oft im Dunkeln verlaufen, mitzugehen. Selbst da, wo man eigentlich denkt, völlig allein gelassen und verlassen zu sein, ist noch jemand: ist Gott da. In den schwierigsten Situationen verlässt er uns nicht, wenn wir an uns selbst verzweifeln, ist er immer noch bei uns. Das ist die heilsame Zusage an uns Menschen, sich ganz und gar in der Liebe Gottes geborgen zu wissen. Denn Gottes Treue und Beistand sind nicht wankelmütig und durch Krisen zum Einsturz zu bringen. Sein Ja hat er den Menschen gegeben und er hat es in seinem Sohn Jesus Christus noch einmal bekräftigt. Seine Treue kennt keine Grenzen, in aller Deutlichkeit hat Jesus uns das vorgelebt. Er wird Mensch in einem Stall, in einem Trog, aus dem die Tiere fressen, liegt er. Den Armen und Gescheiterten, den Verachteten und Ausgegrenzten gilt seine Liebe. Die Menschen, von denen keiner mehr etwas wissen will, holt er an seinen Tisch. Und er geht mit uns Menschen hinein in den Tod und durch den Tod hindurch zum Leben. Das ist wirklich Immanuel, der Gott, dessen Treue in allen Tiefpunkten Bestand hat.

Immanuel kommt in unsere Welt, er wird Mensch. Das dürfen wir in wenigen Tagen wieder feiern. Weihnachten ist Gottes unzerstörbares Ja zu uns Menschen, egal welcher sozialen Schicht wir angehören, egal ob wir bettelarm sind oder stinkreich. Gott zögert nicht, die Frage »Willst du zu den Menschen stehen, in guten wie in bösen Tagen?« eindeutig und unmissverständlich zu beantworten. Gott hält sich nicht zurück, seine Treue zu den Menschen immer und immer wieder zu bestätigen und am Leben zu erhalten. Weihnachten ist das Fest, an dem Gott uns Menschen annimmt und uns sein Mitgehen in allen Lebenslagen, so schwierig sie auch sein mögen, erneut zuspricht. Auch wenn es manchmal eine einseitige Treue ist, auch wenn unsere Antwort gelegentlich nicht so ganz eindeutig ist. Gott spricht sein unbedingtes Ja, er ist der Immanuel in guten wie in bösen Tagen.

Fürbitten

Gott bricht mitten in unser Leben ein, oft gerade dann, wenn wir überhaupt nicht damit rechnen. Ihm dürfen wir uns anvertrauen, er weiß um unsere Anliegen. Zu ihm rufen wir: *Komm in unsere Welt!*

Wir bitten dich für alle alleinerziehenden Eltern, für alle Kinder, deren Eltern in Scheidung leben, und für alle Waisenkinder. …

Wir bitten dich für alle schwangeren Frauen und für die Eltern, die kurz vor der Geburt eines Kindes stehen. …

Wir bitten dich für alle, die Ja gesagt haben zu Gott, die ihm ihr ganzes Leben verschrieben haben, die ihn in dieser Welt verkünden. …

Wir bitten dich für alle, denen der Kinderwunsch verwehrt geblieben ist, und für die Eltern, deren Kind gestorben ist. …

Du Gott des Lebens und der Liebe, du kennst uns besser, als wir uns selber kennen. Höre uns, wenn wir zu dir beten. Dir sei Dank und Lob durch alle Zeit und in Ewigkeit.

Meditation I (Lk 1,26–38)

Für Gott ist nichts unmöglich:

das Schwere und Große,
das Unerreichbare und Ferne,
das Bedeutsame und Tiefgründige,

das Außergewöhnliche und Heilende,
das Gute und Friedliche,
das Ergreifende und Berührende,
das Himmlische und Irdische,
das Tote und Lebendige.

Für Gott ist nichts unmöglich!

Meditation II (Mi 5,1–4a)

An Weihnachten verkünden die Engel
den Frieden auf Erden.

Denn geboren ist der, der wahrhaftig
der Friedensfürst heißt.

Er schafft Recht und Gerechtigkeit
all denen, die Unrecht erfahren haben.

Er beendet allen Streit und Neid,
weist Wege, die aus dem Hass führen.

Er behütet und sammelt sein Volk,
zerstreut und verstößt es nicht.

Er gibt den Menschen ihre Würde zurück,
lässt uns menschlicher miteinander umgehen.

Er kommt in unsere zerstrittene Welt.
Und er wird der Friede sein.

II. Gottesdienstmodelle für die Weihnachtszeit

»Und ist Mensch geworden ...«

12. Modernes Krippenspiel

»Maria und Josef in der Flüchtlingskrise«

Wie würde es wohl zugehen, wenn Maria und Josef heute eine Herberge suchen müssten? Das Krippenspiel kann darauf vielleicht eine Antwort geben. Die Anzahl der Mitspielenden kann variieren; geeignet ist das Krippenspiel für Jugendliche ab 16 Jahren und für Erwachsene. Die Szenen und Dialoge können nach Belieben gestaltet werden. Hier ist nur die Erzählung gegeben, die den Rahmen bildet. Diese sollte in der Vorbereitungsphase an die Jugendlichen ausgeteilt werden. Unter Umständen empfiehlt es sich, zumindest die Rollen vorher festzulegen.

Maria und Josef sind kurz vor Weihnachten aus dem syrischen Kriegsgebiet geflüchtet. Dort mussten sie die grausamen Foltermethoden des sog. »Islamischen Staates« am eigenen Leib erfahren und sind nur knapp mit dem Leben davongekommen. Über die Balkanroute haben sie sich bis nach Europa durchgekämpft. Bereits in Ungarn erfahren sie die erste Abweisung, nur ein Loch im Stacheldrahtzaun ermöglicht ihnen ein Weiterkommen. An der deutschen Grenze werden sie auch nicht mit offenen Armen empfangen. Sie besitzen keine Papiere, sprechen kein Wort Deutsch, ihr ganzer Besitz ist in einem Rucksack notdürftig zusammengepackt. Nach längerer Schikane hat einer der Grenzbeamten Mitleid mit der schwangeren Maria und verweist das Paar an die Erstaufnahme-Einrichtung. Auf dem Weg dorthin werden Maria und Josef mehrfach von Leuten beschimpft und unfreundlich behandelt. Da Maria bereits die ersten Wehen verspürt, versucht Josef am Heiligen Abend irgendwo in einem kleinen Dorf eine Bleibe für die Nacht zu finden. Die Plakate mit ausländerfeindlichen Parolen schrecken die werdenden Eltern ab. Josef läutet am Pfarrhaus: Dort öffnet niemand die Tür, auch die Portale der Kirche sind verschlossen. Aus dem Gasthaus wird er hinausgeworfen, weil die feine Gesellschaft gerade mit der Bescherung begonnen hat. Die Fremdenzimmer könnten sie sich eh nicht leisten und in Deutschland würden ordentliche Sitten herrschen. Draußen ist es bitterkalt, die beiden Flüchtlinge sind nur leicht bekleidet. Als es gerade zu schneien beginnt, kommt eine junge Frau auf Maria und Josef zugelaufen und gibt ihnen zu verstehen, ihr zu folgen. Weil das Paar wieder eine Abfuhr fürchtet, gehen sie nur zögerlich mit. Doch die junge Frau bittet sie, in ihr Haus zu kommen, wo sie mit ihrer Familie am Christbaum versammelt ist. Rührend kümmern sich die Eltern um die hochschwangere Maria, die in dieser Nacht ihr Kind zur Welt bringt.

13. Krippenspiel für Kinder

Das Krippenspiel ist für Kinder im Grundschulalter gedacht. Die Rollen Erzähler, Maria, Josef, Wirt und drei Hirten sowie ein Engelschor sind zu besetzen und entsprechende Kostüme zu besorgen.

Erzähler: Unsere Geschichte spielt vor langer, langer Zeit. Damals hatten es die Menschen noch nicht so gut wie heute. Es gab noch keinen Fernseher, keine Zeitung und keine Computer. Die Menschen haben sich meistens im Wirtshaus getroffen und sich über die Neuigkeiten unterhalten. Jeder hat da etwas anderes zu berichten gewusst. Auch in diesem kleinen Dörfchen Betlehem gab es so ein Gasthaus. Hören wir einmal, was uns der Wirt zu erzählen hat!

Wirt: Heute ist so viel zu tun,
ich hab überhaupt keine Zeit, mich mal kurz auszuruh'n!
Über hundert Leute sind bei uns zu Gast,
sie alle suchen für die Nacht eine Rast.
Wär ich nicht so unglaublich nett,
hätten manche heute kein Bett!
Bis unters Dach ist mein Haus heut voll –
für meinen Geldbeutel ist das natürlich toll!

Erzähler: Es dauert nicht lange, da verlangt ein Mann an der Tür nach dem Wirt. Scheinbar ist auch er auf der Suche nach einem Zimmer für die Nacht. Dieser Mann sieht wirklich ziemlich erschöpft aus!

Josef: Guten Abend, ich suche für die Nacht ein Zimmer,
ich bin so müde, meiner Frau geht es noch schlimmer.
Wir kommen von weit her,
unsere Reise war so schwer.

Wirt: Guter Mann, alles ist bei mir belegt,
das letzte Zimmer haben die vorhin abgekriegt.
Voll ist mein Haus bis unters Dach,
hörst Du nicht den großen Krach?

Josef: Ich bin Josef, der aus Nazaret,
meine Frau Maria, die muss endlich ins Bett.
Die ist schwanger, sie erwartet ein Kind,
sie erkältet sich noch bei dem kalten Wind.

Wirt: Deine Geschichte erweicht mein Herz,
ich kann mit Dir fühlen und spüre Deinen Schmerz.
Weißt Du, ich hab noch einen alten Stall,
da könntet Ihr unterkommen im Notfall.
Draußen vor Betlehem ist der, nicht weit von hier,
Stroh gibt's dort und auch so manches Getier.

Erzähler: Kaum hatte der Wirt diese Worte gesagt, fiel ihm Josef um den Hals und bedankte sich. Eigentlich rechnete er schon damit, diese Nacht irgendwo im Freien verbringen zu müssen. Denn an den anderen Gasthäusern waren er und seine Frau barsch abgewiesen worden. Einer hatte ihnen sogar die Tür vor der Nase zugeknallt.

Josef: Maria, freue Dich und sei froh,
bald kannst Du Dich ausruhen auf einem bisschen Stroh!

Maria: Wohin geht noch unsere Reis'?
Und wie hoch ist dafür der Preis?

Josef: Der Wirt hat uns seinen Stall gegeben,
dort können wir die Nacht in Ruhe verleben!
Dort kannst Du Dich ein bisschen ausruh'n
und brauchst nichts mehr zu tun.

Erzähler: Während sich Maria und Josef vom Sohn des Wirtes den Weg zum Stall zeigen lassen, schauen wir mal, was andere in dieser Nacht machen. Ein paar Hirten zum Beispiel: Sie sitzen um das Lagerfeuer und wärmen sich. Schlafen können sie nicht, sie müssen schließlich auf ihre Schafherde gut aufpassen.

Hirte 1: Ich muss mir dringend ein neues Schaf kaufen,
eines aus meiner Herde kann kaum noch laufen.

Hirte 2: Wir brauchen bald ein neues Gehege,
sonst gehen die Tiere noch ihre eigenen Wege!

Hirte 3: Möchte einer von Euch noch ein bisschen Wurst?
Oder einen Schluck Wasser gegen den Durst?

Erzähler: Und als sie sich unterhalten, steht plötzlich ein Engel in ihrer Mitte und spricht zu ihnen.

Engel: Ihr Hirten, ich verkünde Euch eine große Freud',
der Messias, der Heiland, ist Euch geboren heut'!
Nicht weit von Euch, nicht fern,
Ihr braucht nur zu folgen dem Stern!
Lauft los, schnell, eilt geschwind,
im Stall findet Ihr liegend ein kleines Kind!

Engelschor: Ehre sei Gott und auf Erden
soll den Menschen Friede werden!

Erzähler: So schnell, wie der Engel und der Engelschor da waren, sind sie auch wieder verschwunden. Die Hirten zittern vor Furcht und wissen gar nicht, was sie sagen sollen!

Hirte 2: Ich fürchte mich so sehr,
wo kam das Gespenst plötzlich her?

Hirte 1: Vom Himmel, plötzlich war's da,
ganz laut sangen sie ihr »Gloria …«.

Hirte 3: Gott müssen wir loben!
Ein heller Stern, schaut nach oben! *(Zeigt nach oben.)*

Hirte 1: Sein Glanz ist so hell und rein,
die Nacht wird zum Tag durch seinen Schein!

Hirte 2: Dort über einem Stall bleibt er stehen!
Los, wir laufen hin, um uns das anzusehen!

Hirte 3: Der Glanz des Sternes macht mich fast blind,
glaubt ihr, dass wir im Stall dort finden das Kind?

Hirte 2: Der Engel hat uns dorthin gewiesen.
Gott in der Höhe sei gelobt und gepriesen!

Hirte 1: Dann auf, lasst uns laufen ganz schnell,
den Weg zeigt uns der Stern, der ist so hell.

Erzähler: Die Hirten lassen also ihre Schafe alleine zurück und rennen los zu einem alten, verfallenen Stall. Dort treffen sie Maria und Josef an, in eine Futterkrippe haben sie ein kleines Kind gelegt. Sogar ein Ochse und ein Esel sind dort und betrachten neugierig das Neugeborene.

Hirte 3: Ihr lieben Leut', macht bei uns Rast!
Wir hatten heute Nacht einen Gast!

Hirte 2: Wir unterhielten uns munter,
da kam vom Himmel ein Engel herunter!

Hirte 1: Der sagt, ein Wunder ist uns gescheh'n,
wir sollen schnell zum Stalle hingeh'n.

Josef: Wir sind doch nur zwei arme Leut',
und suchten ein Bett für die Nacht heut'.
Meine Verlobte hat ihr Kind zur Welt gebracht,
schaut doch, wie es sich freut und lacht!

Hirte 2: Gekommen sind wir gern,
den Weg zu Euch gewiesen hat uns der Stern.

Maria: Sie ist so wunderbar, diese Nacht,
grad als ob Gott selbst sie gemacht.

Hirte 1: Ein Engel sprach: Er kam in unsre Welt,
die Geburt des Heilands hat die Nacht erhellt.

Maria: Was wir hier sehen,
können wir nur glaubend verstehen.

Hirte 3: Da ist wieder ein Engel, schau!
Was hat das zu bedeuten, gute Frau?

Engel: Was euch geschehen in dieser heiligen Nacht,
hat sich kein Mensch ausgedacht.
Heute ist Gott selber Mensch geworden,
verkündet diese Botschaft an allen Orten!

Josef: Hört die Worte, die der Engel spricht!
Heute Nacht ist uns aufgestrahlt ein helles Licht.

Maria: Gott selbst ist in die Welt gekommen,
ihr habt die frohe Kunde schon vernommen!

Hirte 2: Dies Kind ist Gottes Sohn?
Warum sitzt er dann nicht auf einem Thron?

Josef: Die Herberge war voll, nirgends ein Platz,
in die Krippe mussten wir legen unseren lieben Schatz.

Maria: Er ist nicht gekommen zu den Schönen und Reichen,
er will das Herz aller Menschen erweichen.

Hirte 1: Wir armen Hirten sind die ersten Gäst',
die teilnehmen an seinem Geburtstagsfest.

Hirte 2: Wir dürfen ganz nah sein bei unsrem Gott,
der uns befreit von Hunger, Angst und Not.

Hirte 3: Hier knien wir und beten ihn an,
ihn, der alles machen kann.

Engel: Drum freut Euch und seid recht froh,
allen Menschen erzählt es und sagt ihnen so:
Für uns alle ist heute ein Kind geboren,
für diese Kunde öffnet Eure Herzen und Ohren.
Alles will uns der gute Gott geben,
der uns geschenkt hat neues Leben.
Er, der uns Menschen so sehr liebt,
dass er in die Welt seinen Sohn gibt.
Diese Botschaft sollt Ihr nun bedenken,
und seine Liebe müsst Ihr weiterschenken.
Dann wird Gott auch bei uns geboren,
denn wir alle sind von ihm auserkoren.

Hirte 2: So lasst uns zu den Menschen gehen geschwind,
und ihnen sagen, wie sehr wir von Gott geliebt sind.

Hirte 3: Wir wollen Euch verkünden das Wunder der Heiligen Nacht,
in der Gott in unsere Welt seinen Sohn gebracht.

Hirte 1: Geht hin und tut es uns gleich,
und baut mit an seinem Himmelreich.

Alle 3 Hirten: Heute ist Gott geboren, der Retter ist da,
seid fröhlich und froh, Halleluja!

14. In der Heiligen Nacht – Christmette

Einführung (Jes 9,1–6; Lk 2,1–14)

»Ein Kind ist uns geboren, ein Sohn ist uns geschenkt«: Das ist die Frohe Botschaft dieser hochheiligen Nacht. Die Engel überbringen sie den Hirten auf den Feldern von Betlehem. Hell strahlt über dem armseligen Stall der Stern auf und weist den Weg hin zur Krippe.

Die Hirten können nicht anders: Sie müssen ihre Herden zurücklassen und eilen hin, das zu schauen, was sie schon so lange erhofft haben. Gott ist in unsere Welt gekommen, um uns durch seine Liebe immer enger an sich zu binden.

Weihnachten ist ein Freudenfest, weil Gott in unserer Mitte Fleisch angenommen hat und Mensch geworden ist. Weihnachten ist aber auch das Fest der vielen Menschen, denen es ebenso ergeht wie Maria und Josef: das Fest der Flüchtlinge und Rechtlosen, das Fest der Armen und Kranken, das Fest der Notleidenden und Bedürftigen. An sie wollen wir in diesen festlichen Tagen besonders denken und für sie beten. Denn Weihnachten ist das Fest, das Gott die Ehre erweist und uns Menschen Frieden auf Erden schenkt.

»Ein Kind ist uns geboren, ein Sohn ist uns geschenkt«: Gott ist Mensch geworden!

Kyrie I (Jes 9,1–6)

Herr Jesus Christus, du Licht, das den Völkern in der Finsternis aufstrahlt.

Du schenkst uns Frieden ohne Ende, deine Herrschaft kennt keine Grenzen.

Du unser Vater in Ewigkeit, der die Gerechtigkeit aufrichtet.

Kyrie II (Tit 2,11–14)

Jesus Christus, du Gnade Gottes, zu unserer Rettung erschienen.

Jesus Christus, du Herrlichkeit Gottes, die unsere Hoffnung erfüllt.

Jesus Christus, du Liebe Gottes, Mensch geworden, um uns zu erlösen.

Impuls für eine Ansprache I

»An Weihnachten geht es doch nur um Geschenke, ums Essen und um eine künstlich erzeugte Wohlfühlstimmung.« Solche oder ähnliche Gedanken sind immer wieder im Vorfeld der Weihnachtstage zu vernehmen. An Weihnachten geht es nur um den Konsumrausch und um Geschäftemacherei. Auf den Punkt gebracht heißt dies: Das Wichtige an Weihnachten ist der Baum mit Kerzen und Kugeln; wichtig sind die Geschenke, die darunterliegen, und besonders wichtig ist es, das größte, beste und schönste von diesen Geschenken zu haben! Das ist das wirklich Unverzichtbare an Weihnachten, darum geht es heute und die nächsten Tage. Das ist Weihnachten! – Zumindest für eine Vielzahl von Menschen, die Weihnachten nur als romantisches Familienfest feiern, das Gelegenheit bietet, sich gegenseitig mit Geschenken zu überhäufen.

Weihnachten ist mehr als nur Geschenke und Essen. Überall auf der Welt vernehmen in dieser hochheiligen Nacht unzählige Menschen die Frohe Botschaft: Christus ist uns geboren! Das ist die Nachricht, welche die Engel den Hirten verkünden; das sind die Worte, die die ganze Welt verändern. Und auf der Suche nach der Hauptsache von Weihnachten kommen wir an ihnen nicht vorbei. Denn sie sagen uns: An Weihnachten geht es nicht um den Baum oder das, was darunterliegt. Es geht nicht um Gans und Plätzchen. Weihnachten entscheidet sich in Betlehem, in der Krippe! Das ist das Wichtigste und der Angelpunkt von Weihnachten: das Kind in der Krippe, der menschgewordene Gott, Jesus Christus. Darum erst feiern wir überhaupt Weihnachten und halten diese Tage heilig, weil Gott sie durch seine Menschwerdung geheiligt hat. Das müssen wir uns immer wieder vor Augen halten: Der Grund für Weihnachten ist Gott selber.

Feiern wir Weihnachten aber auch so? Bewegt uns das, was vor 2000 Jahren in Betlehem geschehen ist, wirklich noch? Wo liegt für uns persönlich das Entscheidende von Weihnachten? Für viele – und das kann nicht geleugnet werden – ist Weihnachten nur noch Stress, Hetze, Streit und Zwietracht. Das große Fest würden sie am liebsten abschaffen. Wer braucht schon Bescherung und Festessen? Wäre es nicht viel schöner ohne diese hektischen Tage? Weihnachten ist aber mehr, viel mehr! Gott kommt zu uns in die Welt – in unsere Welt. Er macht sich klein, gering, unbedeutend, um uns groß zu machen. Er erweist uns in der Heiligen Nacht seine unendliche Liebe, die größer als all unser menschliches Denken und Handeln ist. Darum dürfen wir auch Weihnachten nicht abschaffen und jedes Jahr aufs Neue hoffen, dass es schnell vorübergeht. Das jährliche Weihnachtsfest ist ein Geschenk, weil Gott sich selbst an uns hin schenkt. Das dürfen wir in allem Weihnachtsstress und aller Hektik auf der Suche nach den passenden Geschenken nie vergessen. Wenn wir an Weihnachten die Krippe und das Kind aus den Augen und aus dem Sinn verlieren, vergessen wir Grund und Ursprung des Weihnachtsfestes. Dann ist Weihnachten ein sinnleeres und sinnloses Fest, an dem wir – wie so oft – nur uns selber feiern.

Damit das nicht geschieht, müssen wir in erster Linie auf das Kind schauen, müssen wir Jesus Christus zur Mitte unseres Weihnachtsfestes machen. Aber noch viel mehr: Wir müssen mitarbeiten, damit in unserer Welt wirklich Weihnachten wird, damit Weihnachten ein lebendiges Fest bleibt. Die Liebe Gottes zu uns Menschen, die er uns in der Geburt seines Sohnes geschenkt hat, hört nicht auf, sondern wirkt immer weiter in unserer Welt. Als Christen sind wir besonders an Weihnachten dazu aufgerufen, diese Liebe in die Welt hineinzutragen und dadurch bei so vielen Menschen Weihnacht werden zu lassen. Denken wir in diesen festlichen Tagen besonders an all jene Menschen, die kein festes Zuhause haben, kein Dach über dem Kopf, keinen Ort, an dem sie Weihnachten feiern können. Lassen wir bei ihnen Weihnachten werden, in dem wir ihnen die Frohe Botschaft von der Geburt Christi bringen; eine Botschaft, die sich gegen Ausgrenzung und Obdachlosigkeit wendet, weil Gott allen Heimat bietet. Schlagen wir ihnen nicht die Tür vor der Nase zu, sondern gewähren wir ihnen Einlass, bieten wir ihnen einen Platz, an dem sie das Wunder der Heiligen Nacht feiern können – dann kann auch bei uns wirklich Weihnachten werden! Schauen wir auf die vielen Menschen in unserem Land, die durch Arbeitslosigkeit oder körperliche Gebrechen auf staatliche Unterstützung angewiesen sind, die sich gerade einmal das Notwendigste zum Leben leisten können. Es gibt so viele Familien, die Weihnachten nicht feiern können, weil es ihnen an allem mangelt. Ein bisschen können wir dazu beitragen, auch bei ihnen Weihnachten werden zu lassen; etwas von der Liebe Gottes zu ihnen zu bringen und sie spüren zu lassen, dass auch ihnen der Heiland geboren ist. An Weihnachten zählt nicht, was unter dem Baum ist, sondern der, der in der Krippe liegt und in den Herzen der Menschen, welche die Liebe Gottes weitergeben und empfangen, Mensch werden will. Wenn das geschieht, dann ist Weihnachten kein vergangenes Ereignis, das sich vor über 2000 Jahren irgendwo in einem fernen Land ereignet hat. Weihnachten geschieht dann immer wieder in unserer Welt, wenn wir offen werden für die Not der anderen, wenn wir nicht nur unser eigenes Leid sehen, sondern auch, dass es vielen anderen Menschen schlecht geht. Weihnachten ist nichts Vergangenes. Weihnachten darf nicht abgeschafft werden. Weihnachten muss für alle Menschen, denen es nicht gut geht, zum Zeichen der Hoffnung werden. Deswegen müssen wir uns darum bemühen, Weihnachten in unserer Zeit und Gesellschaft werden zu lassen.

Weihnachten ist nichts Altmodisches, Weihnachten ist aktueller denn je. Das Entscheidende für uns an Weihnachten muss das Kind in der Krippe sein, das Himmel und Erde verbindet, das den Hoffnungslosen Hoffnung, den Mutlosen Mut und den Perspektivlosen neue Perspektiven schenkt. Erst wenn wir das verstanden haben, wenn wir Weihnachten auch ohne Baum, ohne Geschenke und ohne Festessen feiern könnten, sondern einzig und allein mit der Krippe, dann kann wirklich Weihnachten in dieser Welt sein. Angelus Silesius hat es einmal so ausgedrückt: »Und wäre Christus tausendmal in Betlehem geboren und nicht in dir, du wärest ewiglich verloren.« Wenn Christus nicht in uns Mensch wird, seine Liebe uns nicht anrührt und verändert, dann können wir noch so oft Weihnachten feiern: Es wird immer nur ein leeres, beliebiges Fest bleiben, das gefeiert wird und bei dem wir froh sind, wenn es wieder vorbei ist!

Impuls für eine Ansprache II

Ein Europa ohne Grenzen – das hat sich in den letzten Jahren durch so manche Verhandlungen in der EU immer weiter durchgesetzt. Problemlos kann man von einem Land in das andere reisen. Wo es vor nicht allzu langer Zeit noch endlose Staus an den Passkontrollen gab, geht es heute ganz barrierefrei. Das Reisen ist einfacher geworden, nicht nur in Europa.

Wer in die USA möchte, der setzt sich in den Flieger und ist in wenigen Stunden dort. Bis an die sprichwörtlichen Grenzen der Erde kann man gelangen, ohne irgendwo aufgehalten zu werden. Zumindest als Normalsterblicher, der nicht gerade polizeilich gesucht wird, ist das alles mühelos möglich. Heute hier und morgen schon ganz woanders und übermorgen wieder um die halbe Welt gereist. Möglich ist das alles, weil es eben keine Grenzen mehr gibt, weil die Menschen Schritte aufeinander zugetan haben. Selbst da, wo es offiziell noch Grenzkontrollen geben muss, kommt fast jeder hinein. Manch einer träumt ja schon von der grenzenlosen Welt, in der alles offen und für jeden immer zugänglich ist.

Die Grenzen sind zerstört, der Zugang zum Himmel steht offen. An Weihnachten feiern wir eine Grenzöffnung, feiern wir, dass der Himmel auf die Erde gekommen ist. Die ehemaligen Grenzen sind zerbrochen. Die frühere strikte Aufteilung in Himmel und Erde, in oben und unten, gilt nicht mehr. Sie kann gar nicht mehr gelten, weil der Himmel auf die Erde gekommen ist, weil Gott seinen Himmel für uns Menschen aufgeschlossen hat. Was sich ereignet, ist die Überwindung der Grenzen schlechthin. Ohne Weiteres in den Himmel zu gelangen oder mit ihm in Berührung zu kommen, ist für Menschen nicht möglich gewesen. Der Himmel gehört Gott, den Engeln, den Mächten und Gewalten. Dem Menschen ist die Erde gegeben, hier unten ist sein Platz. Hier kann er wirken und schaffen, die Erde ist ihm zur Bebauung und Kultivierung anvertraut. Beide Bereiche sind streng voneinander getrennt und unterschieden. Einen Blick hinaufwerfen auf das, was sich da oben ereignet, ist gelegentlich möglich. Einmal verstohlen über die Grenze zu schauen, ist auch schon das Äußerste, was man sich erlauben kann. Gott aber macht das, was unmöglich erschien, möglich: Er zerstört die trennende Grenze zwischen Himmel und Erde, zwischen sich und den Menschen. Er selbst wird Mensch, kommt herab in unsere menschliche Welt und lässt sich als Kind in eine Futterkrippe legen. Die Grenzüberwindung ist geschafft, alles steht nun offen. Dadurch, dass Gott in die Welt kommt, haben wir Menschen die Chance, durch ihn in den Himmel zu gelangen. Weil der Himmel auf unsere Erde kommt, dürfen wir durch ihn, durch Jesus Christus, eingehen in den Himmel. Das, was kein Auge je schauen durfte, was kein Ohr gehört hat, das dürfen wir nun hautnah miterleben. Die Tür zum Himmel steht offen. Im Kind in der Krippe finden wir den Himmel auf Erden.

Weil Gott an Weihnachten die Grenzen zu uns Menschen überwunden hat, dürfen und müssen auch wir Grenzen niederreißen. Politisch freilich mag dies schon an unterschiedlichen Orten geschehen. Aber es geht vielmehr darum, dass wir auch im zwischenmenschlichen Bereich Grenzen überwinden, Vorurteile abbauen, trennende Mauern niederreißen. Und da gibt es doch noch so viele im Leben eines jeden von uns. Grenzen, die mich abhalten, auf den Anderen zuzugehen, ihm die Hand zur Versöhnung zu reichen. Grenzen, die mich hindern, meinem Mitmenschen eine neue Chance zu geben. Lieber schreibe ich ihn ab, weil er ja selbst an all dem schuld ist. Grenzen, die mich blockieren, die mich zum Stocken bringen, weil ich nicht aus meiner Haut heraus kann, weil die Verletzungen und Enttäuschungen so tief in mir drin sitzen. Und dann schieben wir so oft lieber alles auf den Anderen, der mit seinen Fehlern und seiner Unzulänglichkeit doch alles immer wieder kaputt macht und zerstört. Eine kritische Reflexion fängt aber bei mir selbst an, nimmt zuerst mein eigenes Verhalten in den Blick und überdenkt meine eigenen Worte. Denn wie oft arbeiten wir auch nicht selbst aktiv mit, Grenzen aufzubauen oder aufrechtzuerhalten? Wer hat nicht schon einmal gesagt oder gedacht: »Jetzt reicht's, jetzt mach deine Sachen alleine, auf mich brauchst du nicht mehr zu zählen«? Hindernisse sind oft so schnell errichtet, Barrieren, die das aufeinander Zugehen erschweren, wenn nicht gar verhindern.

Weihnachten leitet uns an, unser Tun und Handeln zu überdenken. Wenn Gott die Grenzen zwischen Himmel und Erde überwindet, damit wir alle Anteil an ihm erlangen können, müssen dann nicht auch wir Grenzen zerstören? Ich meine, es ist die große Aufgabe, die uns Weihnachten stellt, aus unseren alten Geleisen auszubrechen und die alten Gewohnheiten aufzugeben. Es ist die Aufgabe, sich ganz und gar von der Liebe leiten zu lassen, denn Gott selbst ist aus Liebe zu uns Mensch geworden. Von ihr dürfen wir uns ergreifen und berühren lassen, sie müssen wir weiterschenken. Denn Weihnachten ist keine uralte Erzählung, Weihnachten ist ganz aktuell und muss im Hier und Heute geschehen. Es ereignet sich, wo wir Menschen uns von Gottes Liebe anstecken lassen, wo wir anfangen, Grenzen zu überwinden. Da ist Weihnachten, wo wir selbst den Himmel auf Erden schaffen, indem wir das Trennende einreißen und neu einander begegnen. Da ist Weihnachten, wo wir an unsere Grenzen gehen und diese übersteigen.

Fürbitten

Heute ist uns der Retter geboren; er ist der Messias, der Herr. Ihn bitten wir: *Menschgewordener Gott, höre unsere Bitten!*

»Weil in der Herberge kein Platz für sie war«: Wir beten für alle Flüchtlinge, die in fremden Ländern Zuflucht suchen, und für die Menschen, die kein Zuhause mehr haben. …

»Als sie dort waren, kam für Maria die Zeit ihrer Niederkunft«: Wir beten für alle Eltern, die ein Kind erwarten, und für alle Familien, die gewaltsam auseinandergerissen wurden. …

»In jener Gegend lagerten Hirten auf freiem Feld«: Wir beten für alle Obdachlosen, die draußen in der Kälte frieren müssen, und für alle, denen jedes Zeichen der Nächstenliebe fremd ist. …

»Verherrlicht ist Gott in der Höhe und auf Erden Frieden«: Wir beten für die Menschen im Heiligen Land um Frieden zwischen den verfeindeten Fronten, und für alle Länder, in denen Krieg und Terror herrscht. …

Großer und heiliger Gott, du hörst unser Rufen, du hörst unser Klagen und Bitten. Ehre sei dir, in der Höhe, und Friede uns Menschen hier auf Erden.

Meditation I (Jes 9,1–6)

In der Dunkelheit dieser hochheiligen Nacht
haben wir ein helles Licht gesehen,
das uns aufgestrahlt ist und
den Weg zur Krippe weist.

In der Traurigkeit dieser hochheiligen Nacht
haben wir den Ruf des Engels vernommen,
der uns jubeln lässt und
den Weg zur Krippe weist.

In der Hoffnungslosigkeit dieser hochheiligen Nacht
haben wir das Kind gefunden,
den starken Gott und Retter,
der in der Krippe liegt.

Meditation II (Lk 2,1–14)

Sternstunden des Lebens,
wenn im Finstern plötzlich Licht aufstrahlt.

Sternstunden des Lebens
in Momenten, in denen man nicht damit rechnet.

Sternstunden des Lebens
gerade mitten in der Ausweglosigkeit.

Sternstunden des Lebens,
Hoffnung schenken sie und Zuversicht.

Sternstunden des Lebens
für die Hirten in Kälte, Not, Angst.

Sternstunden des Lebens,
der Retter ist uns geboren.

Sternstunden des Lebens,
Gott ist da.

Wort auf den Weg (Lk 2,1–20)

Am Anfang sind es die Engel, die singen: »Ehre sei Gott in der Höhe.« Schließlich sind es die Hirten, die zu ihren Herden zurückeilend Gott rühmen und preisen. Die niedrigen Hirten sind am Ende der Weihnachtsgeschichte selbst zu Engeln geworden. Die Begegnung mit dem Kind in der Krippe verändert sie, lässt sie nicht mehr los. Sie singen Gott Lob und Dank für das große Wunder, das ihnen geschehen ist. Sie werden zu Engeln, zu Boten der Größe Gottes – mitten in unserer Welt.

Wir dürfen es den Hirten gleichtun: Lassen wir uns von der Begegnung mit Jesus Christus berühren. Danken wir Gott für seine Liebe, die Mensch geworden ist. Feiern wir Weihnachten und werden auch wir zu Engeln in dieser Welt!

15. Weihnachten –

Am Morgen/Am Tag

Einführung I (Lk 2,15–20)

Vielen Menschen fällt ein Stein vom Herzen, wenn Weihnachten endlich wieder vorbei ist. Wir feiern die Geburt des Gottessohnes, mit den Hirten machen wir uns auf den Weg nach Betlehem, um ihn anzubeten. Doch der Weihnachtsstress bleibt bei alldem nicht aus: Irgendwer muss schließlich die große Feier vorbereiten!

Vielleicht können wir von der Gottesmutter lernen: »Maria aber bewahrte alles, was geschehen war, in ihrem Herzen und dachte darüber nach« (Lk 2,19). Maria nimmt sich die Zeit, in Ruhe das zu bedenken, was sich hier ereignet hat. In ihrem Herzen erwägt sie die Worte der Hirten, die so Großes über dieses Kind zu berichten wissen. Mit Stress ist es hier nicht getan: Es braucht die stillen Minuten zum Nachdenken, zum Überlegen, zum Reflektieren.

Lassen auch wir uns nicht überrumpeln von den Weihnachtsereignissen. Nehmen wir uns jetzt die Zeit, das Wort Gottes zu hören und die Ereignisse von Betlehem im Herzen zu bedenken.

Einführung II (Joh 1,1–18)

Man muss kein Mensch der großen Worte sein. Oftmals im Leben reichen wenige Sätze, die kleinen Gesten, die so viel mehr sagen, als große Reden es jemals tun könnten.

Auch Weihnachten ist das Fest der wenigen Worte. Von Maria und Josef sind uns keine Sätze überliefert, mit denen sie das Geschehen der Geburt kommentieren. Die Bilder sprechen für sich: das Kind in der Krippe, die Hirten, die von ihren Herden eilen, der Stern. Menschen können einander Liebe erweisen, ohne auch nur ein einziges Wort miteinander zu wechseln. Weihnachten kann auch als wortloses Fest gefeiert werden.

Doch dass es nicht ganz wortlos geht, gibt uns der Prolog aus dem Johannesevangelium zu bedenken: »Und das Wort ist Fleisch geworden und hat unter uns gewohnt«, heißt es da. Gottes ewiges Wort, das seit allem

Anfang bei ihm ist, durch das er alles geschaffen hat – es nimmt menschliche Gestalt an. Es kommt in unsere Welt. Die vielen Worte und die langen Reden braucht es nicht, ein einziges Wort reicht: das Wort Gottes, das voll Leben ist, das mitten unter uns seine Wohnung nimmt.

Kyrie (Joh 1,1–18)

Herr Jesus, du bist das Leben für alle Menschen.

Du bist das Licht, das in aller Finsternis leuchtet.

Du bist das fleischgewordene Wort, der Gott in unserer Mitte.

Impuls für eine Ansprache I

Papst Leo der Große, der in den Jahren von 440 bis 461 Bischof von Rom war, hat seiner römischen Gemeinde in einer seiner Weihnachtspredigten einmal gesagt: »Lasst uns froh sein: Heute ist unser Retter geboren, Traurigkeit hat keinen Raum am Geburtstag des Lebens.« *(vgl. Lektionar zum Stundenbuch, Heft 1. Advent und Weihnachtszeit. Erste Jahresreihe, S. 115)*

Fröhlichkeit gehört zu Weihnachten dazu und wir haben allen Grund, froh zu sein: »Heute ist euch in der Stadt Davids der Retter geboren; er ist der Messias, der Herr« (Lk 2,11). Das ist der Kern der Frohbotschaft von Weihnachten! Gott wird Mensch, er kommt hinein in unsere Welt, das Wort ist Fleisch geworden. Kann es ein anderes Empfinden als übergroße Freude geben, angesichts dieses Wunders, das uns in Betlehem geschehen ist? Nur schwer ist das vorstellbar.

Doch die Realität spricht eine andere Sprache. Beim Blick in unsere Welt ist an diesem Weihnachtsfest alles andere spürbar als Freude und Fröhlichkeit. Wir sehen Menschen, die unter Feindseligkeit und bewaffneten Konflikten leiden müssen, die verfolgt werden und tagtäglich um ihr Überleben kämpfen. Wir begegnen Menschen, die keine Hoffnung auf eine gute Zukunft haben, die sich ängstigen vor dem, was auf sie zukommt, die nicht wissen, was morgen sein wird. Wir kennen Menschen, die unter einer schweren Krankheit leiden, denen alle Lebenslust genommen ist, die nur noch weinen können. Wir wissen um Menschen, die eine geliebte Person verloren haben, die von Trauer gelähmt sind und Weihnachten nicht mit der Familie verbringen können, weil ein wichtiger Mensch fehlt. »Lasst uns froh sein« – das klingt wie eine Provokation, wie ein schlechter Scherz angesichts der teils prekären Lage so vieler Menschen an diesem Weihnachtsfest.

Die Lage heute war ähnlich der Lage damals, vor 2000 Jahren. Auch zu jener Zeit in Betlehem war nicht alles eitel Sonnenschein. Auch ehedem an Weihnachten herrschte nicht nur Freude und Fröhlichkeit unter den Menschen. Die Realität war eine andere, eine viel härtere. Weihnachten war kein Familienfest, geprägt von Heiterkeit und Gelassenheit. Die Menschen mussten auf harte Art und Weise ihr Geld verdienen, um ihre Familien ernähren zu können. Die politische Lage war alles andere als rosig. Die römische Besatzungsmacht unterdrückte die Einwohner, der so grausame Herodes der Große war als Klientelkönig an der Macht. In diese Situation hinein kommt Gott in die Welt. In einem Stall, draußen auf den unsicheren Hirtenfeldern vor Betlehem. Als Obdachloser geboren, hilflos und den bitteren Tod vor Augen. Das war Weihnachten in Betlehem.

Feiern wir an Weihnachten also nicht ein zutiefst trauriges Ereignis? Eine Wirklichkeit, die geprägt ist von Not und Elend, von Tränen und Hoffnungslosigkeit? Der Eindruck bleibt tatsächlich, wenn wir einmal genau hinschauen und alles Kitschig-romantische beiseiteschieben. Und dennoch ist Weihnachten ein frohes und fröhliches Fest, weil Gott in unsere Welt kommt. Gott wird Mensch in eben dieser so oft von Traurigkeit und Leid geprägten Realität. Er selbst wird ein Teil davon und trägt in seinem Leben ein Stück dieser Verzweiflung mit – von der Krippe bis hin zum Tod am Kreuz. Gott bleibt nicht der Ferne, der nicht um die Sorgen und Nöte der Menschen weiß, der sich aus dem Weltgeschehen heraushält und den Dingen seinen Lauf lässt. In Jesus Christus, seinem Sohn, nimmt Gott das menschliche Leben in allen Dimensionen seines Daseins an. Nicht in einer verklärten und beschönigten Weise. Jesus wird nicht in einem der großen Paläste der Welt geboren, er gehört nicht der damals herrschenden Oberschicht an. Er steht ganz unten, bei denen, die tagtäglich um ihr Überleben kämpfen müssen, die alle Hoffnung auf eine gute Zukunft verloren haben. Und am Ende seines Lebens steht er auf einer Stufe mit Verbrechern.

Weihnachten ist ein freudiges Fest! Ein Fest, das gerade denen gilt, denen so gar nicht nach Feiern zumute ist. Es ist das Fest, an dem Gott uns zuspricht: Mensch, du bist in allen Lebenslagen von mir geliebt und angenommen. Weihnachten ist der Tag, an dem sich Himmel und Erde berühren, an dem sich für uns Menschen eine neue Zukunft eröffnet. Heute hat Traurigkeit keinen Platz, weil wir wissen, dass unser Leben in all seinen Phasen von Gott getragen ist. Heute hat Traurigkeit keinen Platz, weil wir erfahren dürfen, dass unser Leben auf ein sinnvolles Ziel hin zuläuft. Heute hat Traurigkeit keinen Platz, weil Gott selbst unseren Kummer annimmt, erträgt und in seine Liebe verwandelt. Deswegen dürfen wir heute auch Freude und Fröhlichkeit empfinden: weil der, der Leben in Fülle ist, uns als Mensch unter Menschen erscheint und uns begegnen will.

Und so gilt im Anblick von so viel Leid und Not in unserer Welt: »Lasst uns froh sein: Heute ist unser Retter geboren, Traurigkeit hat keinen Raum am Geburtstag des Lebens.« Weil Gott in seiner Liebe alles zum Guten führt und alle Trauer in Freude verwandelt.

Impuls für eine Ansprache II (Hebr 1,1–6; Joh 1,1–18)

»Du kannst dir sicher sein, darauf gebe ich dir mein Wort!« So oder ähnlich habe ich schon manchen sagen hören, der mir große Dinge versprochen hat. Weil ich gelegentlich etwas skeptisch war, ob auch die reale Umsetzung irgendwann erfolgen wird, fügte mein Gesprächspartner diesen Satz hinzu. Er hat mir sein Wort darauf gegeben, mir zugesichert, dass das, was er mir prophezeit hat, auch tatsächlich geschehen wird. Denn manchmal kann man ja tatsächlich etwas misstrauisch sein, wenn einem wieder einmal etwas versprochen wird. Wie viel ist uns nicht schon zugesagt worden aus der Politik oder von anderen Menschen? Was mussten wir nicht schon alles hören, was wir nicht alles bekommen, und schlussendlich ist doch alles nur heiße Luft gewesen. Das Wort, das uns da gegeben wurde, ist ein leeres Wort geblieben, irgendein Gerede, von dem wir tagtäglich so vieles zu hören bekommen. Wer aber wirklich auf Nummer sicher gehen möchte, der kann sich trotz allem das Wort des Anderen geben lassen. Vielleicht nützt es ja etwas und den Worten folgen dann tatsächlich irgendwann auch Taten.

Auch Gott gibt uns sein Wort – das feiern wir heute an Weihnachten. Im Prolog des Johannesevangeliums ist die Rede vom Wort Gottes, das auf die Erde kommt und Fleisch wird. Das ist nicht nur irgendeine leere Phrase, ein Wortschwall, unter dem wir begraben werden. Ein einziges Wort genügt: Gottes Wort. Er schenkt es uns immer wieder, in jedem Gottesdienst dürfen wir es hören. »Wort des lebendigen Gottes« sagen wir am Ende der Lesung und antworten »Dank sei Gott«. Er spricht zu uns durch die großen Gestalten des Alten Testaments, durch die Propheten und all jene, die er in seinen Dienst gerufen hat. Sie verkünden uns nicht eine beliebige Botschaft oder ihre eigene Meinung. Von ihnen hören wir, was Gott uns zu sagen hat. Er wendet sich uns Menschen zu und spricht zu uns. Und was er uns mitteilt, ist nicht nur heiße Luft, sondern sind Worte voller Leben und voller Verheißung. So schafft Gott am Anfang der Zeiten die Welt durch sein Wort. Und Jesus ist es, der durch sein Wort die gefallene Welt wieder aufrichtet, wenn er den Sündern zuspricht: »Deine Sünden sind dir vergeben.« Es sind erfüllte Worte, die wir zu hören bekommen, kein leeres Geschwätz.

Gott gibt uns sein Wort, gibt uns seinen Sohn. Nicht mehr durch die Väter und Propheten spricht Gott zu uns, wie der Hebräerbrief schreibt, sondern durch einen, der Sohn ist. Gott kommt uns Menschen so nahe, dass sein Wort im wahrsten Sinne lebendiges Wort wird. Plötzlich ist vieles nicht mehr so, wie es früher war. Jesus braucht nicht mehr zu sagen »Spruch des Herrn«, wenn er eine Botschaft an das Volk richtet. Aus eigener Vollmacht heraus beginnt er seine Reden mit den Worten »Ich aber sage euch«. Hier spricht Gott selbst zu den Menschen, nicht mehr über eine Mittlerperson oder dritte Instanz, sondern in aller Direktheit. Wer Jesus begegnet, der begegnet Gott selbst, der hört sein Wort und darf aus ihm das Leben empfangen. An Weihnachten feiern wir dieses große Geheimnis: Gottes Wort wird Fleisch und schlägt unter den Menschen sein Zelt auf. Das ist seine Zusage, immer bei uns zu sein. Gott ist wirklich der Immanuel, der Mitgehende. Dieses Versprechen, immer an unsrer Seite zu sein, lässt er nicht unerfüllt. Sondern er gibt sich uns ganz und gar, kommt hinab in unsere menschliche Tiefe und Niedrigkeit, damit wir ein Stück seiner Göttlichkeit erlangen. Gott gibt uns sein Wort, nicht irgendein Wort, schnell daher gesagt, völlig unüberlegt gesprochen; er gibt uns sein Wort, das er selbst ist in seinem Sohn Jesus Christus. Voller Leben ist dieses Wort, voller Licht und Gnade. Es strahlt uns Menschen auf und sagt uns neu zu, was wir seit unserer Taufe sind: Kinder Gottes. Er hat uns angenommen und mit neuem Leben beschenkt. Er hat sein Wort in diese Welt gesandt, damit wir immer tiefer und enger mit ihm verbunden werden. Damit wir Gnade empfangen und reichen Segen aus seiner Fülle.

Und das Wort ist Fleisch geworden, hat sichtbare, menschliche Gestalt angenommen. Für uns ist das geschehen, für uns gibt Gott sich ganz hin, damit wir in ihm all das erhalten, was uns zu unserem Leben so oft noch fehlt. Gott benötigt keine großen Worte und Versprechen, um uns ihm immer ähnlicher zu machen, um uns zur Herrlichkeit zu führen. Ein einziges Wort genügt: Das eine und wahre Wort Gottes, das uns in seinem Sohn Jesus Christus ganz nah gekommen ist. Mit ihm wird unser Leben hell, weil er alle Finsternis vertreibt, alle Dunkelheit erleuchtet. Mit ihm wird unser Leben voll, weil er selbst das Leben in Fülle ist, das er uns allen austeilen will. Mit ihm werden wir zu Kindern des einen Gottes, weil er selbst der Sohn ist und uns allen zum Bruder werden will. Glauben wir diesem Wort Gottes, vertrauen wir ihm unser ganzes Dasein an. Dann dürfen wir aus seiner Fülle empfangen: Gnade über Gnade, Leben und Liebe im Überfluss.

Fürbitten I

Dem menschgewordenen Gott ist nichts Menschliches fremd. Er weiß um unsere Anliegen und Hoffnungen, er kennt unsere Sorgen und Ängste. Vor ihn dürfen wir hintreten und alles vor ihm niederlegen, was wir auf dem Herzen haben: *Höre unser Gebet!*

Weihnachten ist ein friedliches Fest. – Wir wollen um Frieden in den Kriegs- und Krisengebieten dieser Welt beten. Du Friedensfürst: …

Weihnachten ist ein nachdenkliches Fest. – Wir wollen für die Menschen beten, die an Weihnachten nur Stress und Unrast empfinden. Du Güte Gottes: …

Weihnachten ist ein menschliches Fest. – Wir wollen für die Abgewiesenen und Obdachlosen, Bloßgestellten und Vertriebenen beten. Du menschgewordener Gott: …

Weihnachten ist ein frohes Fest. – Wir wollen für die Traurigen und vom Leid Geplagten beten, für die Trauernden und die Hoffnungslosen. Du Vater in Ewigkeit: …

Herr Jesus Christus, du hast Kunde gebracht von der unendlichen Liebe und Menschenfreundlichkeit unseres Gottes. Dir sei Ehre und Lobpreis gestern, heute und in Ewigkeit.

Fürbitten II (Joh 1,1–18)

In der Geburt Jesu hat sich für uns Menschen der Himmel geöffnet. Gott hat uns sein Wort gegeben, immer an unsrer Seite zu stehen. Zu ihm, unserem Retter und Heiland, rufen wir: *Wir bitten dich, erhöre uns.*

»In ihm war das Leben.« – Für die Menschen, die unter einer schweren Krankheit leiden und nicht wissen, ob sie wieder gesund werden. Du Gott des Lebens: …

»Und das Licht leuchtet in der Finsternis.« – Für die Menschen, die keine Hoffnung mehr haben, für die jeder Tag nur neue Fragen aufwirft. Du Gott der Hoffnung: …

»Er kam als Zeuge, um Zeugnis abzulegen für das Licht.« – Für die Menschen, die tagtäglich Zeugen sind für Jesus Christus und sein Evangelium in unserer Welt verkünden. Du menschgewordener Gott: …

»Er kam in sein Eigentum, aber die Seinen nahmen ihn nicht auf.« – Für die Menschen, denen die Tür vor der Nase zugeschlagen wurde, die kein Dach über dem Kopf mehr haben. Du Gott der Liebe: …

»Niemand hat Gott je gesehen.« – Für die Menschen, die in dieser Welt gestorben sind in der Hoffnung, im Tod Gott von Angesicht zu Angesicht schauen zu dürfen. Du Gott der Auferstehung: …

Der am Herzen des Vaters ruht, hat Gottes Barmherzigkeit in unserer Welt lebendig werden lassen. Ihm sei Lob und Dank in Ewigkeit.

Meditation I (Lk 2,15–20)

Als die Hirten vom Stall zu ihren Herden
zurückkehren, rühmen sie Gott,
preisen ihn für das Große, das sie dort
erfahren durften.

An Weihnachten hat sich ihr Leben
von Grund auf verändert;
im Kind in der Krippe haben sie ihren
Gott gefunden.

Was den Hirten damals galt, steht
auch für uns heute offen.

Auch wir dürfen Gott preisen und ehren,
auch wir dürfen ihm Dank sagen.

Auch wir dürfen nach Betlehem mitgehen,
auch wir dürfen im Kind unsern Gott finden.

Meditation II (Hebr 1,1–6; Joh 1,1–18)

Vom Beginn der Welt an
hat Gott immer neu
die Menschen angesprochen.

Mose hat er am
brennenden Dornbusch
seinen Namen geoffenbart.

Abraham hat er auf die
Probe gestellt und mit ihm
seinen Bund geschlossen.

Propheten sind in seinem
Namen aufgetreten und haben
zur Umkehr aufgerufen.

Johannes der Täufer hat
eindringlich darauf hingewiesen:
Gott ist nahe.

In Jesus Christus spricht Gott
zu uns durch seinen Sohn,
der Mensch ist.

Gottes ewiges Wort
nimmt menschliche Gestalt an
und wird Fleisch.

Segen

Der menschgewordene Gott
stärke uns auf unseren Wegen,
in Krankheit und Leid,
auf Durststrecken
und wenn wir schon fast aufgeben wollen.

Der menschgewordene Gott
begleite uns auf unseren Wegen,
die hinausführen ins Unbekannte,
denn die Zukunft
liegt noch verborgen vor uns.

Der menschgewordene Gott
segne uns für unsere Wege,
die wir zu gehen haben,
damit wir selbst
zum Segen für unsere Welt werden.

16. Fest des heiligen Stephanus

»Fortsetzung der radikalen Liebe« (26. Dezember)

Einführung I

In der Heiligen Nacht haben wir noch vom »holden Knaben im lockigen Haar« gesungen, heute werden bereits andere Töne angeschlagen. Am zweiten Weihnachtstag feiern wir das Fest des heiligen Stephanus. Er ist für Jesus eingetreten, hat seine Frohe Botschaft unermüdlich verkündet. Sein Glaube an Christus ist Stephanus schließlich auch zum Verhängnis geworden: Gewaltsam und grausam wird er deswegen getötet. Ein Kontrastbild zu dem, was wir in diesen Tagen feiern.

Doch ist der Märtyrertod des Stephanus wirklich ein Gegensatz zu Weihnachten? Ist er nicht vielmehr die konsequente Fortsetzung der radikalen Liebe, die uns Gott an Weihnachten erwiesen hat?

Einführung II

In der Krippe ist das Kreuz schon gegenwärtig, an Weihnachten ist der Karfreitag bereits wahrnehmbar. Beide Feste, Weihnachten und Ostern, gehören untrennbar zusammen und bilden erst miteinander das große Geheimnis unserer Erlösung. Bei all der Freude über den menschgewordenen Gott: Das Kreuz können wir nicht leugnen.

So gehört auch Stephanus mit seinem Schicksal so eng zu Weihnachten dazu. Sein Fest ist in diesen Tagen nicht fehl am Platz, es kommt nicht ungelegen. Denn es weist uns darauf hin, dass auch der Tod zum weihnachtlichen Geschehen dazugehört. Im Sterben ereignet sich Ostern, die Vollendung dessen, was an Weihnachten begonnen hat: die Geschichte Gottes mit uns Menschen in diesem Leben und durch den Tod hindurch zu neuem Leben.

Kyrie

Herr Jesus, du sendest Menschen aus, dein Evangelium zu verkünden.

Herr Jesus, du erfüllst sie mit dem Heiligen Geist.

Herr Jesus, du bist das Leben deiner Märtyrer.

Impuls für eine Ansprache I (Apg 6,8–10; 7,54–60)

Als ich neulich zum Essen eingeladen wurde, sagte mein Nebenmann zu mir: »Für diesen Braten könnte ich sterben!« Mit dieser bildhaften Wortwahl wollte er seiner Liebe zu diesem Gericht besonderen Ausdruck verleihen. Er mag diese Speise so sehr, dass er dafür sein Leben hingeben würde. Natürlich nur im übertragenen Sinne, versteht sich. Doch meine ich, wir alle haben irgendetwas besonders gerne, für das auch wir sterben würden. Mag sein, dass es für einen das Lieblingsgericht ist, von dem er nie genug bekommen kann. Für den anderen ist es ein gutes Konzert, ein besonderes Fußballspiel oder was eben das Gemüt erfreut. Liebe und Herzblut gehören sicher dazu, denn für irgendetwas würde ich sicher nicht mein Leben aufgeben und sterben wollen. Dazu muss man schon von einer Sache ganz und gar überzeugt sein.

Auch der heilige Stephanus hat etwas, für das er sterben würde. Es ist keine Lieblingsspeise und auch sonst kein beliebiges Hobby. Und es ist auch nicht die Möglichkeitsform, denn Stephanus stirbt tatsächlich für etwas: für Jesus Christus. Von ihm hat er sich ergreifen lassen, und zwar in dem Maße, dass er selbst zum Verkünder der Frohen Botschaft des Evangeliums wurde. Die Liebe zu Jesus hat Stephanus vollständig erfüllt. Sie hat ihn so sehr durchdrungen, dass er nicht anders kann, als die Wege seines Herrn und Meisters nachzugehen. Er lebt das Wort des Evangeliums, er ist treuer Zeuge für das, was er verkündet. Bis zum Äußersten muss Stephanus gehen, bis zu dem Punkt, an dem ihm sein Glaube zum Verhängnis wird. Denn den radikalen, toratrommen Pharisäern ist er mit seiner Botschaft ein Dorn im Auge. Und schlussendlich ergeht es ihm nicht anders, als dem, den er verkündet: Am Ende seines Lebens steht der Tod durch Steinigung. Für Jesus Christus stirbt Stephanus, voll des Glaubens und in der Hoffnung, in die Liebe Gottes eingehen zu dürfen.

Der heilige Stephanus ist ein besonderes Vorbild im Glauben. Er predigt nicht nur mit Worten, er lebt das, wovon er überzeugt ist. Nicht bewaffneter Widerstand und nicht einmal der drohende Tod können ihn vom Glauben abbringen. Seine Liebe zu Jesus ist so stark, dass er alles erdulden und ertragen kann. Für ihn gibt er sein Leben hin. Er darf am Ende dieses irdischen Lebens den Himmel offen sehen und dann in diesen Himmel eingehen. Das freilich fragt auch unseren Glauben und unsere Verkündigung der Frohbotschaft in dieser Welt an. Inwieweit sind wir Zeugen für das, was Jesus getan und gepredigt hat? Wo geben wir Kunde von seinen Worten und Taten? Und wie groß ist unsere Liebe zu Jesus, zu ihm, der für uns Mensch geworden ist? Das sind Fragen, die uns alle immer wieder angehen und betreffen. Keiner, der getauft ist, kann sich ihnen entziehen. Denn wir alle sind in seine Nachfolge berufen und haben den Auftrag, sein Evangelium bis an die Grenzen dieser Erde zu tragen. Der Widerstand, den wir hier in Europa dabei ertragen müssen, wird mancherorts eher gering sein. Aber es gibt immer noch so viele Menschen, die aufgrund ihres Bekenntnisses zu Jesus Christus verfolgt und grausam getötet werden. Sie erleiden wie Stephanus ein Martyrium, weil sie nicht davon abkönnen, von Jesus zu erzählen. Sie nehmen einen viel zu frühen Tod in Kauf, weil sie nicht verleugnen wollen, wer wirklich Herr und König dieser Welt ist. Für Jesus sterben sie. Von ihm sind sie überzeugt und erfüllt von der Hoffnung, dass auch für sie im Himmel ein Platz bereitet ist.

Für Jesus könnte ich sterben. – Vielleicht ist es notwendig, sich heute, am Fest des heiligen Stephanus, diesen Fragen einmal ganz bewusst zu stellen. Einmal neu zu reflektieren, inwieweit ich selbst von der Botschaft Jesu ergriffen bin und wie groß meine Liebe zu Jesus ist. Was würde ich im Angesicht des drohenden Todes machen? Meinen Glauben verleugnen oder mit dem Bekenntnis zum dreieinen Gott auf den Lippen in den Tod gehen? Es sind nur Spekulationen, Gedankenspiele. Aber sie machen uns neu deutlich, wie groß unser Glaube wirklich erst ist und wie sehr er immer noch wachsen kann.

Impuls für eine Ansprache II

Wenn die Weihnachtstage nahen, dann baue ich zu Hause neben dem Christbaum die Krippe auf. Und dann gibt es für mich nichts Schöneres, als sich in diesen Tagen vor den Baum zu setzen und die Krippendarstellung zu betrachten. So vieles fällt mir dabei ins Auge: der ärmliche Stall, in dem sich etliche bäuerliche Gerätschaften finden. Josef, der mit einer Laterne ein wenig Licht in die Dunkelheit der Heiligen Nacht bringt. Ich nehme Ochse und Esel in den Blick, die ein bisschen erschrocken und doch neugierig zusehen, die nicht wissen, was da vor sich geht und dem Geschehen doch so nah sind, wie niemand sonst. Auf einem Stein steht ein Engel, daneben einige Hirten, denen der Schrecken in den Gliedern sitzt. Einige Frauen haben sich schon auf den Weg in Richtung des Stalles gemacht, tragen Körbe mit Feldfrüchten, um sie dem Jesuskind zum Geschenk zu machen. Alte, bärtige Männer stehen noch um das Lagerfeuer und wärmen sich, immer die Schafherde im Blick. Sie trauen der Sache noch nicht ganz, bleiben skeptisch lieber am Lagerplatz zurück.

Manchmal stelle ich mir die Frage, wer ich wohl im heiligen Geschehen sei. Mit welcher Figur kann ich mich am besten identifizieren? Wer ist mir am sympathischsten?

Vielleicht Maria, die Mutter des Herrn, die sich in tiefer Fürsorge um ihr Neugeborenes kümmert, die gläubig und vertrauend dem Anruf des Engels gefolgt ist. Maria, die große Glaubende, die sich gänzlich auf Gott eingelassen und ihr Leben in seine Hände gelegt hat.

Vielleicht stelle ich mich aber doch eher zu den Skeptikern, zu denen, die nicht sofort auf die Botschaft des Engels reagieren. Noch bleiben sie zurück und kümmern sich um ihre Pflichten, die sie als Hirten haben. Auch ob der großen Nachricht, die ihnen der Engel überbringt, lassen sie ihre Herde nicht alleine zurück. Zu groß ist die Gefahr, dass sich ein Schaf verirrt oder von einem wilden Tier gerissen wird. Im ersten Moment halten sie sich im Hintergrund, doch später stehen auch sie vorne an der Krippe dabei, weil sie nichts mehr zurückhalten kann, weil sie Gott anbeten müssen, der als Mensch in diese Welt gekommen ist.

Vielleicht geselle ich mich aber auch zu den Sterndeutern, die erst am Fest Erscheinung des Herrn in meiner Krippe auftauchen. In großer Ungewissheit lassen sie ihr bisheriges Leben, ihre Heimat, ihre Familie zurück und begeben sich auf diese lange Reise. Ihre Zukunft liegt völlig im Dunkeln. Sie wissen nicht, was sie dort in Betlehem erwarten wird. Sie glauben und vertrauen dem Stern, sie hoffen, dass sie unter seiner Führung in eine gute Zukunft gelangen. Und so wandern sie Tag und Nacht, Kilometer um Kilometer, immer neu konfrontiert mit Rückschlägen und mit kritischen Anfragen von außen. Am Ende aber, da knien sie vor der Krippe, da haben sie ihn gefunden, den menschgewordenen Gott. Ungewiss, was in ihrem Leben noch kommen wird, sind sie aufgebrochen und haben am Ende ihrer Reise den Sinn ihres Lebens gefunden.

Vielleicht sind mir aber doch Ochse und Esel am liebsten. Ganz zufällig werden sie Teil des heiligen Geschehens. Sie wissen nicht, was ihnen da geschieht, wer plötzlich ihre nächtliche Ruhe im Stall zerstört. Sie begreifen nicht, wer dieses Kind ist, das da in ihren Futtertrog gelegt wird. Neugierig betrachten sie die Geburt und das Neugeborene. Sie schnuppern, wie es riecht. Vielleicht wollen sie ihm auch den Kopf lecken. Ganz nah dabei sind sie, völlig ohne eigenen Verdienst haben sie einen Logenplatz erhalten.

So sitze ich immer noch vor meiner Krippe und überlege mir, wo ich mich platzieren würde. Vielleicht ganz nahe bei Maria, weil ich mich wie sie gläubig fühle, weil auch ich mein Leben ganz in Gottes Hand gegeben habe. Vielleicht aber auch bei denen, die nicht sofort alles glauben, die ein bisschen Zeit zum Verarbeiten brauchen. Vielleicht bei den Weisen aus dem Morgenland, weil auch meine Zukunft noch ganz dunkel vor mir liegt, weil ich noch nicht weiß, wie ich mein Leben weiterhin gestalten möchte. Vielleicht aber auch bei Ochs und Esel, die mir aus dem Herzen sprechen, wenn auch ich wieder einmal wie der »Ochs vorm Berg« stehe und so vieles, was um mich herum geschieht, nicht begreife. Wie dem auch sei, wo auch immer ich mich dazugesellen würde, letztendlich tröstet mich doch die eine Tatsache: Alle diese Figuren, so verschieden sie auch sein mögen, haben einen festen Platz in unseren Weihnachtskrippen. Von den Hauptdarstellern Maria und Josef über die Hirten und Könige bis hin zu Ochse und Esel. Sie alle gehören dazu, sie alle dürfen ganz nahe bei Jesus sein. So darf ich sicher sein: Auch ich habe irgendwo meinen Platz, auch ich gehöre dazu, wenn Gott in diese Welt kommt und Mensch wird.

Fürbitten

Jesus Christus ist das Leben all jener, die an ihn glauben und sich zu ihm bekennen. Zu ihm dürfen wir voll Vertrauen rufen: *Christus, Herr, erbarme dich.*

Wir beten für die Menschen, die sich in den pastoralen Diensten um die Verkündigung des Evangeliums bemühen. …

Wir beten für die Menschen, die in ihrem Alltag von Gott erzählen und ihn in ihrem Leben groß werden lassen. …

Wir beten für die Menschen, die aufgrund ihres Glaubens verfolgt und getötet werden. …

Wir beten für die Menschen, die gestorben sind und die Auferstehung erwarten. …

Ehre dem Vater, Ehre dem Sohn, Ehre dem Heiligen Geist, dem einen Gott in alle Ewigkeit.

Meditation I (Mt 10,17–22)

Jesus ruft uns
in seine Nachfolge,
das Evangelium zu verkünden.

Jesus begleitet uns
auf diesem Weg,
der oft schwer und uneben ist.

Jesus stärkt uns
auf Durststrecken,
wenn wir nicht mehr weiterkönnen.

Jesus ermutigt uns,
wenn wir nicht wissen,
was wir in diesem Moment sagen sollen.

Jesus geht mit uns
durch den Tod
hindurch zum Leben in Fülle.

Meditation II (Apg 6,8–10; 7,54–60)

Stephanus
lässt sich vom Evangelium
im Herzen treffen
und wird selbst Künder
der Frohboschaft.

Unerschrocken
erzählt er den Menschen
das Wort vom
Leben auch im Tod,
das Christus ist.

Glaubend
geht er auf das Martyrium zu,
nimmt die Qualen und Schmerzen
der Steinigung auf sich,
stirbt für Christus.

Verherrlicht
hat ihn der,
den er in seinem Leben
glaubend bezeugt hat:
der menschgewordene Gott.

17. Fest der Heiligen Familie – Sonntag in der Weihnachtsoktav

Einführung

Es ist durchaus beeindruckend und bewegend, was eine Familie manchmal aushalten und durchmachen muss. Denn es gibt nicht nur die Höhepunkte, die das Leben so reich und schön machen, sondern oft genug auch Tiefpunkte und Täler, die es zu durchschreiten gilt. Nicht nur das partnerschaftliche Miteinander der Eltern muss manche Belastung aushalten, auch die Kinder müssen so manches bewältigen. Es ist schön, wenn die Familie nach Strapazen gestärkt hervorgeht und zusammenhält. Aber es ist auch die Realität, dass nicht alle Familien standhalten und am Gegenwind auseinanderbrechen.

Am Sonntag nach Weihnachten stehen unsere Familien besonders im Mittelpunkt. Denn auch Jesus ist einer menschlichen Familie, die so manches Harte durchmachen und erdulden musste, Mensch geworden. Er hat unsere Familien geheiligt und deutlich gemacht, wie wichtig sie sind. Und wie wertvoll sie in allen Lebenslagen sein können.

Kyrie (Lk 2,22–40)

Herr Jesus Christus, du Heil für alle Völker.

Du bist das Licht, das alle Menschen erleuchtet.

Du bist die Herrlichkeit für alle, die an dich glauben.

Impuls für eine Ansprache I (Lk 2,41–52)

»Die kleine Lina hat sich verlaufen. Ihre Mama wird gebeten, sie an der Information abzuholen!« Diese Ansage ertönte vor Kurzem aus den Lautsprechern in einem Kaufhaus. Als Unbeteiligter ist man davon weniger betroffen und kann ganz ungestört seinen Einkauf fortsetzen. Als Elternteil aber bekommt man es schnell mit der Angst zu tun, wenn der Sohn oder die Tochter plötzlich eigene Wege geht. Es reicht, nur einen Moment unaufmerksam zu sein, und schon ist das Kind irgendwo im Getümmel verschwunden. Kleine Kinder sind ja oft neugierig und hören nicht auf das Verbot der Eltern, nirgends alleine hinzugehen. Sie wollen ihre Umgebung auf eigene Faust erkunden und merken meistens erst zu spät, dass sie alleine doch nicht weiterkommen. Gott sei Dank gibt es aufmerksame Menschen, die sich der Kinder annehmen und dafür sorgen, dass sie wieder wohlbehalten zu ihren Eltern zurückfinden.

Maria und Josef befanden sich in einer ganz vergleichbaren Situation. Zusammen mit ihrem Sohn Jesus haben sie sich zu einem der drei großen Wallfahrtsfeste des Judentums auf den Weg nach Jerusalem gemacht. Im Tempel haben sie geopfert und Gott angebetet, so wie es eben ihrer Tradition entspricht. Wieder zurück auf dem Heimweg ereignet sich dann die Schrecksekunde: Jesus fehlt. Er ist nicht irgendwo inmitten der großen Schar von Pilgern, er ist nicht bei Verwandten und Freunden. Er ist überhaupt nicht mit zurückgekommen. Die Angstzustände, die Maria und Josef aushalten mussten, können die nur zu gut nachempfinden, die selbst Kinder haben. Über einen Tag lang waren sie schon unterwegs von Jerusalem hinab in Richtung Nazaret. In dieser Zeit könnte dem Sohn schon so vieles zugestoßen sein. Irgendwo in einer fremden Stadt, ganz auf sich allein gestellt. Wer weiß schon, ob sie ihn überhaupt wiederfinden. Und so dauert die Suche ja auch einige Zeit. Erst nach drei Tagen, schreibt Lukas, entdecken sie Jesus. Er sitzt dort, wo sie ihn wahrscheinlich am wenigsten vermutet hätten: im Tempel, inmitten der Schriftgelehrten.

Eine Geschichte vom Verlorengehen und Wiedergefunden-Werden; eine Erzählung, wie sie sich tagtäglich in einer unserer Familien abspielen könnte. Doch liegt, meine ich, der Fokus nicht auf der Betonung des familiären Zusammenhalts der Heiligen Familie. Vielmehr steht das Überraschungsmoment im Vordergrund, Jesus im Tempel zu finden. Er ist dort, wo Menschenmassen tagtäglich unzählige Opfer für Gott darbringen, ihm ganz nahe sein wollen. Jesus hält sich dort auf, wo Gott seinen Namen wohnen lässt, wo er selbst sein Zelt mitten unter den Menschen aufgeschlagen hat. Da ist Jesus und da muss er sein, denn es ist ja das Haus seines Vaters. Diese Worte aus dem Mund eines Zwölfjährigen wirken befremdlich – nicht nur für die damalige, insbesondere auch für die heutige Zeit. Aber Jesus trifft damit den Kern: denn wo sonst ist er seinem Vater so nahe, wie im Tempel? Dort wo Gott ist, muss auch Jesus sein. Denn aus ihm lebt und wirkt er, Gott ist sein ganzer Lebensinhalt. Für sein Umfeld freilich wirkt das verstörend. Was er mit diesem rätselhaften Ausspruch sagen will, bleibt fraglich. Erst nach und nach zeigt sich, dass er wirklich der geliebte Sohn Gottes, des Vaters, ist.

Was kann uns dieses Evangelium heute sagen? Ich möchte auf zwei Aspekte verweisen: Der eine betrifft die religiöse Erziehung der Kinder und Jugendlichen. Gerade am Fest der Heiligen Familie dürfen wir uns einmal neu fragen, wie es um die Religiosität und den Glauben in unseren Familien steht. Wie geben wir den Glauben an unsere Kinder weiter? Erziehen wir sie zu einem christlichen Leben, in dem die alten Bräuche und Traditionen ihren Platz haben? Nur so können wir sie näher zu Gott hinführen und ihnen ein Leben im Glauben ermöglichen. Ein Zweites: Gott ist ja nicht nur der Vater Jesu Christi, sondern unser aller Vater. Durch unsere Taufe sind wir zu Kindern Gottes geworden, wir haben den Heiligen Geist empfangen, in dem wir Gott unseren Vater nennen dürfen. Ihm können wir immer nahe sein. Doch wie sehr zieht es uns, in dem zu sein, was unseres Vaters ist? Pflegen wir die Verbindung zu unserem Vater im Himmel? Aus ihm und in ihm dürfen wir unser Leben gestalten, doch braucht es dazu die lebendige Beziehung zu ihm, der uns zu seinen Söhnen und Töchtern gemacht hat.

Auch wenn es uns manchmal wie den Kindern geht, die sich aus Neugierde von den Eltern losreißen und auf eigene Faust die Welt erkunden: Gott, unser Vater, hält Ausschau nach uns. Er nimmt uns wieder an und führt uns auf den rechten Weg zurück. In seinem Haus finden wir Platz und es tut uns gut, dort zu sein. Heute in diesem vergänglichen Haus und dann einmal bei ihm im Himmel in der Ewigkeit.

Impuls für eine Ansprache II

Familien flüchten aus Syrien, weil ihnen im Kriegs- und Krisengebiet kein sicherer Aufenthalt mehr möglich ist, weil die Kinder zu Hause zwischen Granaten und Schützengräben spielen müssen. In Deutschland, weit weg von der Heimat, suchen sie um Aufnahme, um überleben zu können. Eine andere Familie ist zerbrochen: Der Vater ist plötzlich und viel zu früh gestorben, der jugendliche Sohn bleibt mit der Mutter allein zurück. Alle Träume und Vorstellungen von einem gemeinsamen Urlaub, vom trauten Familienleben – ein für alle Mal zerplatzt. Oder die Familie, die noch nie gemeinsam etwas unternommen hat, weil der Vater ständig betrunken ist, die Mutter drogenabhängig, die Kinder vernachlässigt und längst in die Kriminalität abgerutscht. Die Familie, die ständig gegen die

Verarmung kämpft, die an Weihnachten traditionell auf Geschenke verzichten muss, das Geld reicht einfach nicht.

So sehen die Familien in diesem Jahr in vielen Fällen aus. Längst sind zerrüttete Familien keine Ausnahme mehr, sondern für viele (leider) der Regelfall geworden. Es gäbe gewiss noch so viel zu nennen, das uns spüren lässt, wie grausam, wie schrecklich und brutal Familienleben manchmal sein kann. Denken wir nur an die zahlreichen Familientragödien in den vergangenen Jahren: Mord an den Eltern; Kinder, die in der Babyklappe enden oder bereits im Mutterleib abgetrieben werden. Schon die Bildung und das Entstehen von Familien werden verhindert oder nach und nach völlig zerstört. Ein traditionelles Familienbild, ein behütetes Zuhause bei den Eltern und Geschwistern, nach dem sich gerade in diesen Weihnachtstagen so viele sehnen, ist in vielen Fällen nicht mehr existent. Und wo es noch Familien gibt, sind diese nicht selten zerbrochen oder von Leid und Tod überschattet.

Am heutigen Fest der Heiligen Familie muss ich angesichts solcher Veränderungen in einem traditionellen Familienbild natürlich fragen: Ist das, was wir feiern, überhaupt noch zeitgemäß? Ist unsere Vorstellung von einer behüteten Familie nicht längst überholt und nur noch ein märchenhafter Traum? Und Weihnachten, dieses Familienfest, diese Darstellung vom trauten, hochheiligen Paar in unseren Krippen – eine fromme Mär, eine Wunschvorstellung in einer Zeit, in der die Realität völlig anders aussieht?

Weihnachten war kein frommes Ereignis, Maria und Josef alles andere als ein überglückliches Ehepaar, das in größter Schwärmerei die Geburt des Sohnes feiert. Weihnachten war anders, die Heilige Familie war anders. Als Obdachlose mussten Maria und Josef ihr Kind draußen auf den unsicheren Feldern vor Betlehem zur Welt bringen, weil in der Herberge kein Platz für sie war. Die junge Familie war alleine gelassen, ohne Verwandte und Freunde mussten sie diese Geburt durchstehen. Weit weg von der Heimat musste Maria ihr Kind zur Welt bringen, von medizinischer Hilfe konnte sie nur träumen. Das Ereignis Weihnachten zeigt uns, was Familien immer wieder erdulden und aushalten müssen – damals wie heute, in Betlehem und überall auf dieser Welt.

Doch die Frohe Botschaft von Weihnachten ist eine andere: Gott wird Mensch und er wird es in einer menschlichen Familie, die geprägt ist von den Wechselfällen des Lebens. Gott geht keinen Sonderweg, er erscheint nicht auf dieser Erde wie ein Geist, nein, er wird Mensch. Er nimmt unser Menschsein an mit allen Dimensionen unseres Lebens; er teilt unsere Freuden, aber eben auch von der ersten Stunde seines irdischen Lebens an unsere Leiden und Nöte. »Er, der in göttlicher Gestalt war, hielt nicht daran fest, Gott gleich zu sein, sondern entäußerte sich selbst, nahm Knechtsgestalt an und wurde den Menschen gleich« (Phil 2,6), schreibt Paulus im Philipperhymnus. In die tiefste Tiefe unseres menschlichen Daseins steigt dieser Gott herab, das manchmal harte Leben in einer Familie scheut er nicht. Er beugt sich in seinem Sohn Jesus Christus hinunter zu uns Menschen, damit wir durch ihn zu Gott gelangen können. Und: Er bringt Kunde vom Vater, er bringt die Liebe Gottes in unsere Welt, damit wir neu geliebt werden von ihm, der uns immer zuerst geliebt hat.

Weihnachten ist das Familienfest schlechthin, denn es zeigt uns, wie wichtig die Familien in unserer Zeit doch sind. Nämlich so wichtig, dass Gott selbst nicht ausweicht, in einer von ihnen Mensch zu werden. Das darf und muss uns und unsere Familien neu bestärken. Gerade die Familien, in denen Streit und Hass, Not und Elend an der Tagesordnung sind, dürfen gewiss sein, dass Gott ihre Sorgen kennt, dass er sie angenommen und erlöst hat. Weil Gott in einer unserer Familien Mensch geworden ist, müssen wir aber auch neu den Wert der Familie erkennen. Gott kommt nicht als Einzelgänger in diese Welt, er kommt nicht als erwachsener Mann. Gott kommt als Kind in einer Familie, er nimmt unser menschliches Leben vom ersten Augenblick des Daseins an und verherrlicht es.

Fürbitten

Lasst uns beten zu unserem Herrn Jesus Christus, der in einer Familie in unserer Welt Mensch geworden ist: *Erhöre uns, Christus.*

Für alle Kinder, die ohne Eltern aufwachsen müssen: Lass sie Wegbegleiter erfahren, die sie durch dieses Leben führen. …

Für alle Familien, die zerbrochen sind: Stärke sie, damit sie in ihrer schwierigen Situation nicht verzweifeln. …

Für alle in der Politik und Gesellschaft, die sich für das Wohl der Familien einsetzen: Hilf ihnen, dass sie ihre Kraft nicht vergeblich aufwenden. …

Für alle verstorbenen Familienangehörigen: Führe sie in deiner Liebe durch den Tod zum ewigen Leben in deiner himmlischen Herrlichkeit. …

Du umfängst uns mit deiner Liebe, auch dann, wenn wir uns in größter Not befinden. Schenke uns deine Gnade und begleite uns auf unseren Wegen hin in die Ewigkeit.

Meditation I (Gen 15,1–6;21,1–3)

Abram
ist der Erste der Glaubenden,
weil er Gottes Ruf gänzlich vertraut.

Abram,
der Kinderlose, empfängt die Verheißung
Gottes unzähliger Nachkommenschaft.

Abram
ist der erhabene Vater ohne Kinder,
der erbenlose Stammvater.

Abram
glaubt dem Herrn, der ihm Nachfahren
verspricht, so viel wie Sterne am Himmel sind.

Abram
wird zum Vater der vielen Völker, durch Gott
Abraham.

Meditation II (Lk 2,41–52)

Als Josef und Maria mit ihrem Sohn
zur Wallfahrt nach Jerusalem aufbrechen,
ahnen sie noch nicht,
dass ihr Sohn Gott mehr liebt
als seine Familie.

Wenig erzählen uns die Evangelisten
über die Kinder- und Jugendjahre
unseres Herrn Jesus,
nur diese eine Geschichte des Zwölfjährigen
überliefert uns Lukas.

Auf den ersten Blick eine alltägliche Episode:
Ein Jugendlicher verliert seine Eltern,
findet sich allein in der Stadt
nicht mehr zurecht
und ist auf Hilfe angewiesen.

Tagtäglich erfahren wir Gleiches:
Kinder auf der Suche nach ihren Eltern,
Eltern halten Ausschau nach den Kindern,
Eltern und Kinder gehören
untrennbar zusammen.

Jesus weiß das;
er kennt seinen Vater und geht hin,
wo er anzutreffen ist.
Den ängstlichen Eltern sagt er:
»Wisst ihr nicht, dass ich in dem sein muss,
was meinem Vater gehört?«

18. Gottesdienst zum Jahresschluss

»Anfang und Ende, Alpha und Omega«

Einführung

In wenigen Stunden wird dieses Jahr zu Ende sein. Dann gibt es kein Zurück mehr und der Jahreslauf beginnt von Neuem. Was von diesem Jahr bleiben wird, das können wir nun in der Rückschau feststellen. Vieles hat sich ereignet, Gutes und Schlechtes ist geschehen. Es gab freudige Ereignisse, aber auch jene, bei denen wir weinen mussten und die Tränen nur schwerlich zurückhalten konnten. So vieles hat sich zugetragen in diesen vergangenen 365 Tagen. Für jeden Einzelnen waren andere Dinge wichtig und entscheidend. Ob die unterschiedlichen Ziele erreicht wurden, die man sich am Jahresbeginn gesetzt hatte, muss jeder selbst entscheiden. Die Bilanz muss jeder für sich ziehen.

Doch egal, wie dieses Jahr nun war: schlecht oder gut, mehr traurig oder größtenteils freudig. Alles, was wir erlebt haben, was uns widerfahren ist, das dürfen wir nun in Gottes Hand zurückgeben. Er hat uns dieses Jahr geschenkt, er nimmt es auch wieder an. Er gibt seinen Segen zu dem, was geschehen ist. Ihm dürfen wir alles anvertrauen.

Kyrie

Herr Jesus, du bist Anfang und Ende, Alpha und Omega.

Du bist das Ziel, auf das unser Leben hin zuläuft.

Du bist der Gott, der über Zeit und Ewigkeit steht.

Impuls für eine Ansprache

»Nach dem Spiel ist vor dem Spiel.« So soll der frühere Bundestrainer der deutschen Fußballnationalmannschaft, Sepp Herberger, einmal ausgerufen haben. Sprichwörtlich ist dieser Satz geworden, vielleicht auch gerade deshalb, weil er eine allseits bekannte Wahrheit in sich trägt. Nach dem Spiel, wenn alles vorüber ist, gewonnen oder verloren, ist nicht alles aus und vorbei. Die nächste Begegnung steht schon in wenigen Tagen oder Wochen auf dem Spielplan. Keine Zeit, sich auf den Lorbeeren auszuruhen oder eine Niederlage lange zu beklagen. Es geht schließlich weiter, es muss weitergehen, denn Stillstand gibt es nicht. Und so heißt es nach dem Derby nicht ewig zurückschauen, sondern in die Zukunft blicken, auf das, was jetzt als Nächstes kommt. Training und Vorbereitung auf das anstehende Fußballturnier. Denn nach dem Spiel ist vor dem Spiel, am Ende steht wieder alles auf Anfang.

Abgewandelt lässt sich dieser Ausruf Sepp Herbergers auch auf unseren heutigen Silvestertag anwenden. So heißt es heute: Nach dem Jahr ist vor dem Jahr. Wir stehen am Ende des vergangenen Jahres und blicken zurück auf all das, was uns widerfahren ist. Aber zugleich sind wir am Beginn eines neuen Jahres mit neuen Herausforderungen, mit neuen Chancen und Lichtblicken, die sich uns auftun. Froh sind wir vielleicht, dieses alte Jahr jetzt endlich zu den Akten legen zu können, es getrost einmal ruhen zu lassen, weil es doch nicht so schlimm gekommen ist, wie wir es erwartet haben. Dankbar und glücklich blicken wir deshalb zurück. Doch Zeit, diese Rückschau lange zu genießen, bleibt nicht. Schon morgen früh steht alles wieder auf Anfang, wir sind wieder zurückgeworfen und müssen den langen und unbekannten Weg von Neuem gehen. Da ergeht es uns irgendwie wie dem aus der griechischen Mythologie bekannten Sisyphos. Seine Aufgabe ist es, einen großen Stein den steilen Hang hinaufzurollen. Aber immer kurz vor dem Erreichen des Gipfels entgleitet ihm der Stein und er muss von vorne beginnen. Die reinste Sisyphosarbeit ist auch unser Leben: Wenn das alte Jahr geschafft ist, liegt das neue schon wieder vor uns. Erneut beginnt der gleiche Trott, wieder ein Kämpfen und Ringen. Am Ende wird uns das Jahr doch wieder entrissen und ein anderes vorgesetzt.

Aber ist das alles? Läuft unser Leben nicht letztendlich in die Sinnlosigkeit, wenn wir uns abrackern und schuften und am Schluss doch alles irgendwie umsonst war? Ich glaube, das ist die falsche Sichtweise. Denn am Anfang des neuen Jahres ist nicht wirklich alles wieder weggewischt und das ehemals beschriebene Blatt wieder vollkommen weiß. Die Jahre freilich vergehen und wandeln sich, der Jahreswechsel ist ein fixer Punkt. Doch für unser Leben bedeutet es nicht, dass plötzlich alles widerrufen und wertlos ist, was sich in der Vergangenheit ereignet hat. Was im vorhergehenden Jahr geschehen ist, wird nicht ausgelöscht und revidiert. All die Erfahrungen, alles das, was uns geprägt hat, nehmen wir mit hinüber in das neue Jahr. Wir können den Aktenordner mit dem alten Jahr nicht in den Schrank stellen und verstauben lassen. So einfach ist das nicht.

Denn das wäre wirklich ein sinnloses Leben, ein Leben, das immer wieder gleich abläuft und dabei abstumpft. Als Christen glauben wir ja eben nicht an den ewigen Kreislauf von Werden und Vergehen oder an die Wiederkehr des immer Gleichen. Wir glauben, dass die Geschichte linear weiterläuft und dass alles Leben einmal an ein Ziel kommt. Die Geschichte Israels, wie sie uns das Alte Testament erzählt, zeigt dies beispielhaft. Nach den großen Katastrophen, wie dem Babylonischen Exil, steht nicht einfach alles wieder auf Anfang. Die schlimmen Erfahrungen der Knechtschaft und des Gefangenseins prägen das kollektive Bewusstsein. Und zugleich hat sich die Begegnung mit dem Gott, der aus allem Elend befreit und zum Leben führt, ins Gedächtnis eingebrannt. Mit neuer Hoffnung lebt Israel, mit dem Blick nach vorne, wo es die Vollendung der Welt in Gott erwartet. Das ist kein sinnloses Leben und keine verlorene Zeit, die immer von vorne abzulaufen beginnt. Es ist ein Leben, an dessen Ende Gott steht und mit ihm das vollkommen Neue. Es ist erfüllte Zeit, die von der Begegnung mit dem einen Gott voll wird.

Nach dem Jahr ist vor dem Jahr: Das mag zwar irgendwie stimmen, weil der Jahreslauf von vorne beginnt. Wir stehen wieder im Januar und laufen auf den Dezember zu. Und doch: Es stimmt auch so überhaupt nicht. Weil unsere Lebenszeit nicht einfach auf null zurückgesetzt wird und alles vergeben und vergessen ist. Gutes und Schlechtes nehmen wir mit hinüber in das neue Jahr, um so viele Erfahrungen sind wir reicher geworden. Sie prägen unser Leben. Unser Leben, das über allen Jahren steht, das schon ein Stück in dieser erfüllten Zeit leben darf. Und das immer das Ziel vor Augen hat: die Vollendung in Gott. So ist unser Leben keineswegs sinnlos und nur eine beständige Wiederholung. Es ist ein Weiterkommen, ein Weitergehen auf dem Weg, der uns unserem Ziel ein bisschen näher bringt. Nicht zu verzweifeln brauchen wir ob des neuen Jahres, das von uns aktiv gestaltet werden muss. Zuversichtlich dürfen wir diesen Weg gehen, immer unseren wahren Bestimmungsort vor Augen und immer reich beschenkt mit der Erfahrung, dass Gott auf diesem Weg schon immer mitgeht.

Fürbitten

Am Ende des vergangenen Jahres lohnt es sich, innerlich still zu werden, um Rückschau halten zu können. Die letzten 365 Tage waren es wert, sich noch einmal ihnen zuzuwenden und einen Blick auf sie zu werfen.

Was ist mir alles passiert und widerfahren?
Bin ich glücklich mit dem, was war und geschehen ist?
Oder habe ich mir vom vergangenen Jahr mehr erwartet?

Gott, du bist groß. Du kennst mich besser, als ich mich selber kenne. Du durchschaust mich und weißt um meine Gedanken. Ich bitte dich am Ende dieses Jahres: Nimm das an, was mich belastet hat und was mir schwergefallen ist. Ich lege das in deine Hände zurück, an dem ich lange und hart zu kauen hatte. Ich gebe dir diese Tage des letzten Jahres, die mich unglücklich gemacht haben. Du allein kannst alles zum Guten wenden.

Ruf: GL 181,1 (»Lasset zum Herrn uns beten«)

War ich traurig im letzten Jahr?
Habe ich Trost und Zuneigung erfahren?
Wurde ich mit Tod und Leid konfrontiert?

Gott, du bist das Leben. Überall da, wo wir nur Finsternis und Schatten sehen, bist du das Licht, das unser Leben hell macht. Ich bitte dich am Ende dieses Jahres: Nimm meine Trauer und meine Traurigkeit an und wandle sie in Freude. Ich möchte beten für die Menschen, die mir nahegestanden haben und die im letzten Jahr gestorben sind. Lass sie leben in deiner Liebe, lass sie Tag und Nacht dein Angesicht schauen und nimm sie auf in deine Herrlichkeit. Gib uns, die wir zurückbleiben, Trost und die Zuversicht, dass in dir Leben in Fülle ist.

Ruf: GL 181,1

Was hat mir das letzte Jahr an Gutem gebracht?
Wo habe ich Freude erfahren, wo durfte ich lachen?
Für die Nähe welcher Menschen bin ich dankbar?

Gott, du bist die Güte. Du lässt mich das Gute erfahren, du schenkst mir die Freude und ein Lächeln. Ich bitte dich am Ende dieses Jahres: Nimm das Gute an, das mir im letzten Jahr widerfahren ist. Beschütze die Menschen, die mich begleitet und mit ihrer Nähe beschenkt haben. Erfülle sie mit deinem Segen und lass sie deine Barmherzigkeit erfahren. Lass mich dankbar sein für das, was ich positiv vom vergangenen Jahr in Erinnerung behalten werde.

Ruf: GL 181,1

Was habe ich vielleicht schon vergessen oder verdrängt?
Woran kann ich mich gar nicht mehr erinnern?
Was ist für mich im vergangenen Jahr noch offengeblieben?

Gott, du bist die Liebe. Du zeigst dich mir auch im Verborgenen, in den kleinen Dingen und versteckten Winkeln meines Lebens. Ich bitte dich am Ende dieses Jahres: Nimm dieses Jahr an, so wie es gewesen ist, so wie ich es gelebt habe. Vollende es in deiner Liebe und führe alles, was noch unvollkommen ist, in dir zum guten Ende. Ich lege dieses Jahr zurück in deine Hände. Von dir habe ich es empfangen, dir gebe ich es zurück. Du wirst alles gut machen.

Ruf: GL 181,1

19. Jahresabschluss mit Jugendlichen

»Dieses Jahr, Herr, leg ich zurück in deine Hände«

Nach einer kurzen Hin-/Einführung, die etwa mit den abgedruckten Worten erfolgen kann, sind die Jugendlichen eingeladen, ihren persönlichen Jahresrückblick zu halten. Hierfür sollen für die Mitfeiernden Kerzen/Teelichter bereitliegen, die sie entzünden und nach vorne bringen. Wer möchte, kann laut sagen, was für ihn im letzten Jahr bewegend war und wofür er danken will. Anschließend können die Kerzen vor der Krippe abgestellt werden. Nach jedem Jugendlichen kann ein kurzer Liedruf (z. B. »Dieses Jahr, Herr, leg ich zurück in deine Hände, denn du gabst es mir«) erfolgen.

Der Jahreswechsel sollte auf jeden Fall in Stille begangen werden. Anschließend kann das Te Deum (GL 380, »Großer Gott wir loben dich«) oder ein anderes Loblied gesungen werden. Danach können die Jugendlichen den Einzelsegen empfangen.

Die Feier kann mit Lesungen, Psalmen und Liedern (z. B. »Möge die Straße uns zusammenführen«, »Bewahre uns, Gott«) beliebig ausgestaltet bzw. erweitert werden.

Hin-/Einführung

Silvester in der Kirche – wer das macht, der wird von vielen schnell schräg angeschaut. Keine Party, kein Sekt, keine Raketen. Wer sich auf diesen Jahresübergang in Stille einlässt, der hat wirklich Gottvertrauen. Denn er weiß, dass alles, was im kommenden Jahr geschieht, an ihm liegt. Nicht ich selbst kann bestimmen, wo es langgeht. Nicht alles liegt in meiner Macht und meinem Ermessen. Manches kommt einfach, wie es kommt, und ich muss sehen, wie ich damit fertigwerde.

Wir wollen in Stille den Jahresübergang begehen. Jeder kann in diesem Moment selbst entscheiden, was er oder sie im Gebet vor Gott hintragen möchte. Vielleicht sind es ganz kleine Wünsche und Bitten. Vielleicht ist es nur der kleine Gedanke »Mach du alles gut«. Denn letztendlich liegt es in seiner Hand, am Ende bestimmt doch er, wie es wird. Und wir dürfen auf ihn vertrauen, weil er der Gott ist, der da ist.

Vorschlag für den Einzelsegen

Der Herr segne dich und behüte dich auf allen deinen Wegen im kommenden Jahr. Er sei mit dir und begleite dich, schenke dir Mut und Kraft, Hoffnung und Zuversicht.

20. Neujahr –

Hochfest der Gottesmutter Maria (1. Januar)

Einführung

»Mit Gott fang an, mit Gott hör auf, das ist der beste Lebenslauf«, so zumindest sagt es ein altes Sprichwort. Es ist nicht nur der beste Lebenslauf, mit Gott anzufangen und aufzuhören, sondern auch der beste Jahreslauf. Mit Gott haben wir gestern Abend das alte Jahr beschlossen. Wir haben Rückschau gehalten und gebetet, dass er alles im Guten vollenden möge, was wir begonnen haben. Und mit Gott beginnen wir heute auch das neue Jahr. Wir wollen ihn um seinen Segen bitten für das, was vor uns liegt. Ihm dürfen wir unsere Ängste vor der Zukunft anvertrauen. Wenn er mit uns durch dieses neue Jahr geht, dann wird es ein gutes Jahr. Dann brauchen wir in schweren Situationen nicht zu verzagen. Gott ist da, er steht uns zur Seite, im Guten wie im Schlechten. Das dürfen wir glauben und darauf dürfen wir vertrauen. Zuversichtlich können wir deshalb dieses neue Jahr beginnen, mit Gott anfangen und niemals ohne ihn sein.

Kyrie

Herr Jesus Christus, du bist unser Retter und Heiland.

Du bist Immanuel, der Gott, der unsere Wege mitgeht.

Du bist unsere Hoffnung und unser Leben in Ewigkeit.

Impuls für eine Ansprache I

»Was wäre eigentlich, wenn …« So oder ähnlich fragen wir gerne, wenn wir nur einmal rein hypothetisch Alternativen bedenken. Was wäre eigentlich, wenn es anders gekommen wäre, wenn ich mich damals anders entschieden hätte. Das ganze Leben kann so hinterfragt werden, alles, was man sich aufgebaut und erarbeitet hat. Denn vielleicht wäre alles ganz anders gekommen, eventuell sogar viel besser, als es jetzt ist. Doch diese Fragerei kann einen auch zur Verzweiflung treiben, wenn ein Unglück geschehen ist, das nicht mehr rückgängig zu machen ist. Und wenn ich mir dann immer wieder vorwerfe: Wenn ich es damals anders gemacht hätte, wäre alles nie so gekommen. Es liegt wohl in der Natur des Menschen, dass wir uns in der Fantasie gerne ausmalen, wie es anders ausgesehen hätte, was eigentlich wäre, wenn …

Gerade in der Zeit »zwischen den Jahren«, um den Jahreswechsel herum, blicken wir gerne zurück. Wir schauen auf das, was im letzten Jahr gewesen ist, und ziehen Bilanz. Wir nehmen manche Ereignisse noch einmal genauer unter die Lupe und bedenken vielleicht auch oft genug die Frage, was gewesen wäre, wenn wir manche Dinge anders gemacht hätten. Doch diese wackeligen Hypothesen und Vermutungen bringen uns letztendlich ja auch nicht weiter. Es ist jetzt einfach so. Das Leben geht seinen Gang, es gibt kein Zurück mehr, um eine Alternativmöglichkeit zu wählen. Und so vergeht auch ein Jahr nach dem anderen, wir wissen am Beginn des neuen Jahres nicht, was auf uns zukommt, und können erst nach 365 Tagen sagen, ob es gut war. Ungewiss gehen wir in unsere Zukunft hinein, nicht wissend, was morgen sein wird. Unsicher wie das Kommende auch sein mag, eines wissen wir doch ganz genau: dass es auch im neuen Jahr immer wieder Situationen geben wird, in denen Entscheidungen von uns gefordert sind. An der Weggabelung stehend müssen wir einen der beiden Wege wählen. Und im Nachhinein werden wir uns wieder mit der Frage konfrontieren, was gewesen wäre, wenn wir den anderen Weg gegangen wären.

Was wäre eigentlich, wenn der Jahreswechsel nicht mitten in die Weihnachtszeit fallen würde? Wenn wir Neujahr nicht acht Tage nach dem Weihnachtsfest, sondern irgendwann ganz anders im Jahreskreis feiern würden? Würde das für uns etwas ändern? Es ist wohl gut, so wie es ist. Noch ganz erfüllt von der Freude der Heiligen Nacht verabschieden wir das alte und begrüßen das neue Jahr. Nicht im Hochsommer endet unser kalendarisches Jahr hier in Europa, nicht an Ostern, Pfingsten oder sonst einem unserer vielen Feste. Weihnachten und das neue Jahr hängen untrennbar miteinander zusammen. Und es ist gut, dass es so ist und dass es auch keine Alternativen dazu gibt. Aber würde sich wirklich etwas ändern, wenn dies nicht so wäre? Auf den ersten Blick sicher kaum. Ein Feuerwerk kann man auch im August abschießen, Sekt trinkt man sowieso schon das ganze Jahr über. Und ob man den neuen Kalender nun im Winter oder im Sommer aufhängt, ist ja auch irgendwo egal. Es ist die Botschaft von Weihnachten, die fehlen würde. Gott spricht sein Ja zu uns Menschen. Im Kind von Betlehem ist er auf ganz besondere Weise der

»Immanuel«, der Mitgehende, der bei seinem Volk ist. Weihnachten macht uns immer wieder deutlich, dass Gott seine Geschichte mit der unsrigen verbindet. Er wird Mensch, er tritt in diese Welt ein, unterwirft sich den Gesetzen von Raum und Zeit. Gerade dadurch erfährt unser Dasein eine enorme Aufwertung. Weil Gott Mensch geworden ist, sind wir Menschen auch ein Stück weit göttlich. Unser ganzes Geschick, unser Werden und Leben liegt ihm am Herzen, geht ihm so nahe, dass er zu uns kommt, dass er Mensch wird. Das ist die gute Nachricht von Weihnachten. Deswegen ist es auch so wohltuend, dass der Jahreswechsel gerade auf dieses Fest fällt. Wenn wir in diesen Tagen das Kind in der Krippe betrachten, dürfen wir gewiss sein: Gott ist bei uns, er geht unsere Wege mit, er steht zu uns – auch und ganz besonders im kommenden Jahr. Weil Gott Mensch geworden und in unsere Zeit eingetreten ist, ist es Gottes Jahr, das vor uns liegt. Mit ihm dürfen wir gehen, auf ihn dürfen wir bauen und vertrauen.

Was wäre eigentlich, wenn der Jahreswechsel nicht mitten in die Weihnachtszeit fallen würde? Nicht viel wäre anders, höchstens vielleicht die Temperatur und das Wetter. Und doch: Das Kind in der Krippe würde fehlen. Gottes weihnachtliche Zusage, unsere menschlichen Wege mitzugehen, bis ins Äußerste hinein. Sie gilt zwar das ganze Jahr über, aber an Weihnachten steht sie uns noch einmal besonders vor Augen. So dürfen wir froh sein, dass es ist, wie es ist. Und dass es – Gott sei Dank – keine Alternativen gibt, zwischen denen wir uns entscheiden müssen. Voll Vertrauen und voll Glauben an Gottes Gegenwart und an seine Nähe dürfen wir in dieses kommende Jahr gehen. Was auch sein wird, welche Entscheidungen wir auch zu treffen haben, alles ist von Gott getragen. Alles liegt in seinen Händen, er führt alles zum Guten. Das ist die Gewissheit, die uns seit Weihnachten erfüllt. Und so brauchen wir auch nicht mehr zu grübeln, was wäre, wenn. Es ist so, wie es ist, und es ist gut so. Denn Gott ist mit dabei, auf jedem Weg, den wir gehen. Jetzt, im kommenden Jahr und in alle Ewigkeit.

Impuls für eine Ansprache II (Lk 2,16–21)

Und wieder keine Zeit zum Durchschnaufen! Kaum ist Weihnachten mit seinen Feierlichkeiten vorbei, steht schon das nächste große Event vor der Tür: Silvester. Der Jahresabschluss muss schließlich gebührend gefeiert werden. Auch wenn das vergangene Jahr vielleicht nicht ganz so gut gelaufen ist, wie man es sich gewünscht hätte. Aber ein schönes Silvester mit Fondue, mit Korkenknallen und Raketen muss schon sein! Immerhin ist Silvester auch nur einmal im Jahr und die Chance sollte man sich nicht entgehen lassen. Zeit zum Durchschnaufen freilich findet man in all der Vorbereitung auf die nächste Feier nur selten. Aber wer braucht die schon? Und schließlich gibt es ja Neujahr und vielleicht anschließend noch ein paar Urlaubstage, an denen man noch genug ausspannen kann.

Stress und Hektik gab es wohl auch damals vor 2000 Jahren an der Krippe. Ganz ungewöhnliche Ereignisse sind es, die da geschehen. Engel, die auf die Erde herabkommen und Hirten einladen, den Weg zu einem einsamen Stall zu gehen. Ein junges Ehepaar, das mitten in der kalten Winternacht ein Kind auf die Welt gebracht hat. Die Hirtenschar, die sich zu eben jenem Stall aufmacht und das neugeborene Kind verehrt, ihm Geschenke darbringt. Über allem ein leuchtender Stern, der den Weg weist, der Orientierung inmitten der finsteren Nacht schenkt. Für die frischgebackenen Eltern war das sicherlich Aufregung genug. Denn wer rechnet schon mit so einem Aufruhr angesichts der Geburt eines kleinen Kindes? Maria und Josef waren wohl froh, dass alles so reibungslos verlaufen ist, dass ihr Sohn nun endlich in der Krippe liegt. Die Mutter noch erschöpft von der kräftezehrenden Geburt. Und der Ziehvater in Sorge versunken um das Neugeborene und um seine Verlobte. Aber Zeit zum Durchschnaufen haben sie nicht. Schon stehen die Hirten vor der Türe, schon geht die ganze Aufregung weiter. Zeit, das Ganze in Ruhe zu verarbeiten, bleibt vorerst nicht. Wie auch? Die unbekannten Gäste wollen schließlich nicht verprellt und unhöflich abgewiesen werden. Sie müssen das loswerden, was ihnen die Engel über dieses Kind erzählt haben.

Doch es geht eben nicht, ohne sich Zeiten der Ruhe und Besinnung zu nehmen. Lukas erzählt deshalb ganz bewusst davon, dass Maria über die Worte der Hirten nachdachte. Alles, was sich in dieser Nacht ereignet hatte, erwog Maria in ihrem Herzen. Sie hat sich die Zeit zum Durchschnaufen genommen, weil sie über all die Geschehnisse nachsinnen musste. Sie reflektierte und überlegte, was das Ganze wirklich zu bedeuten hat, welcher tiefere Sinn hinter all dem steckt. Denn oft gewinnt man erst im Nachhinein eine ganz neue Sicht auf unterschiedliche Dinge. Oft ergeben sich erst in der Vertiefung wichtige Punkte, die vorher gar nicht aufgefallen sind. So ist es auch für Maria nötig, noch einmal in Ruhe auf das zu schauen, was passiert ist. In der Hektik und Aufregung der Heiligen Nacht braucht es notwendigerweise auch die stille Zeit, die

Zeit, um vorsichtig begreifen zu können, was der Welt da Wunderbares widerfahren ist.

Auch uns gilt die Einladung, in diesen heiligen Tagen nicht von einer Feier zur nächsten zu hetzen und am Ende sagen zu müssen: Endlich ist das alles wieder vorbei! Auch für uns ist die stille Zeit gerade in diesen oft so lauten Tagen notwendig. Denn allzu häufig geht der leise Schrei des Kindes in der Krippe in unserer geschwätzigen Welt unter. Manchmal neigen wir dazu, die Weihnachtsbotschaft unter all den vielen Nachrichten, die uns Tag für Tag erreichen, gar nicht mehr wahrzunehmen. Damit dies aber nicht geschieht, dürfen wir uns die kleinen stillen Momente herausnehmen, die uns wieder näher an das Geheimnis von Weihnachten heranführen wollen. Es ist so groß, dass man es nicht im Vorbeigehen begreifen kann. Es ist so wunderbar, dass es erst Stück für Stück in der persönlichen Meditation und Reflexion erkannt werden kann. Denn Weihnachten will unser persönliches Leben verändern, uns aus unserem Alltagstrott herausreißen und auf neue Wege führen. Das aber zu erkennen, ist ein langwieriger Prozess, der die eigene Auseinandersetzung mit dem Kind in der Krippe fordert. Dazu brauchen wir Zeiten zum Durchschnaufen, Momente, in denen wir uns ganz und gar ihm widmen können. Wir brauchen Augenblicke, um darüber nachzudenken und die Botschaft von Weihnachten auch in unserem Herzen hin und her zu bewegen. Dann dürfen uns auch einmal die Worte fehlen, denn ob der Größe unseres Gottes versagt einem oftmals die Stimme. Und vielleicht reicht manchmal das Anschauen des Kindes und das Betrachten der Heiligen Schrift, um tiefer mit dem Weihnachtsgeschehen verbunden zu werden. Dann dürfen wir singen, wie es in einem unserer alten Lieder heißt: »Ich sehe dich mit Freuden an und kann mich nicht sattsehen; und weil ich nun nichts weiter kann, bleib ich anbetend stehen« (GL 256, 4). Anbetend, nachdenkend und Weihnachten in das eigene Herz aufnehmend.

Fürbitten

In Gottes Händen ruht die Zeit. Zu ihm dürfen wir beten und ihm das kommende Jahr anvertrauen: *Sei bei uns auf unseren Wegen: Höre uns, Gott.*

Heute, am Weltfriedenstag, bitten wir dich, Gott, um Versöhnung in Feindschaft und um das Ende von Krieg und Konflikten. …

Heute, am Beginn des neuen Jahres, bitten wir dich, Gott, um deinen Segen für die Tage, die vor uns liegen, und um deinen Schutz auf allen unseren Wegen. …

Heute, am Hochfest der Gottesmutter Maria, bitten wir dich, Gott, um eine gute Zukunft für alle neugeborenen Kinder und deren Eltern. …

Heute, am Oktavtag von Weihnachten, bitten wir dich, Gott, um deine Nähe für alle unsere kranken und alten Menschen, für alle, die uns am Herzen liegen, und für alle, die noch auf der Suche nach dir sind. …

Dir, Gott, sei alles anempfohlen: unsere Sorgen und Ängste, was uns bedrückt und quält, unsere Hoffnungen und Erwartungen. Dir befehlen wir unsere Wege an, dir vertrauen wir, du wirst es fügen.

Meditation I (Num 6,22–27)

Gottes Segen mache dich stark,
wenn dir die Kraft zum Weitergehen fehlt.

Gottes Segen schenke dir Trost,
wenn dir zum Weinen zumute ist.

Gottes Segen begleite dich,
wenn du einen schweren Weg zu gehen hast.

Gottes Segen gebe dir Hoffnung,
wenn du keine Perspektiven mehr siehst.

Gottes Segen öffne dir die Ohren,
wenn du nur noch dein eigenes Wort vernimmst.

Gottes Segen sei bei dir
in diesem vor uns liegenden Jahr.

Meditation II (Lk 2,16–21)

Ein Satz ist schnell gesprochen,
so viele Worte vernehmen wir
Tag für Tag.

Wir werden überflutet mit
einer Welle von Nachrichten,
Botschaften und Sätzen.

Wer hört schon noch bewusst zu?
Wer weiß am Abend schon noch,
was er tagsüber alles aufgenommen hat?

Maria ist da anders;
sie hört genau zu und hört genau hin
auf das, was die Hirten zu sagen haben.

Und sie nimmt diese Worte
in ihr Herz auf und meditiert sie,
denkt darüber nach.

Auch wir dürfen die Frohe Botschaft
dieser Tage in unser Herz aufnehmen
und überdenken.

Sie ist keine Nachricht wie jede andere;
sie bedarf unseres Nachdenkens
und der vertieften Betrachtung.

Segensgebet

Wie wird es werden, dieses neue Jahr, das nun vor mir liegt?
Was wird mir alles zustoßen, was werde ich alles erleben?
Was wird sein, was werden die kommenden Wochen bringen?

Fragen über Fragen, mit denen ich in diesen Stunden konfrontiert werde.
Fragen, die das betreffen, was ich selber nicht beeinflussen kann.
Fragen nach meinem Schicksal in der Zukunft.

Antworten auf diese Fragen werde ich heute nicht erhalten,
dazu muss ich noch 365 Tage warten,
bis auch dieses neue Jahr der Vergangenheit angehört.

Heute kann ich nur unsicher auf die kommende Zeit blicken.
Heute bleibt mir nur abzuwarten, was da wohl kommen wird.
Heute möchte ich nur hoffen, glauben, beten.

Denn er, der mir dieses neue Jahr geschenkt hat,
er wird es auch zum Guten führen.
Er wird mich auch in dieser Zeit begleiten.

In Gottes Händen liegt die Zeit, liegt all das Kommende.
In Gottes Hände möchte ich dieses neue Jahr legen,
weil von ihm alles Gute kommt.

Mit Gott gehen wir in die Zukunft.
Mit Gott schreiten wir durch die Zeit.
Mit Gott dürfen wir neue Schritte wagen.

Im Vertrauen, dass er uns hält und trägt.
Im Glauben, dass alles, was geschieht, sein Wille ist.
In der Hoffnung, dass er alles zur Vollendung in Liebe führt.

Wie das neue Jahr auch werden mag.
Was mir alles geschehen und widerfahren mag.
Wann ich auch Gutes oder Schlechtes erfahren mag.

Es ist Gottes Jahr – das ist mir gewiss!

21. Aussendung der Sternsinger

»Wir kommen daher aus dem Morgenland ...«

Eröffnungslied (GL 262: »Seht ihr unsern Stern dort stehen«)

Einführung

Seit vielen Jahren ziehen bei uns *in den Tagen vor dem Fest der Erscheinung des Herrn/am Dreikönigstag* die Sternsinger von Haus zu Haus. Sie folgen dem Stern, der neue Hoffnung in diese Welt gebracht hat. Dabei spielt ihr, liebe Sternsinger, nicht nur nach, was sich damals in Betlehem ereignet hat. Ihr schafft auch heute, in dieser Welt, Weihnachten. Wenn ihr durch die Straßen zieht, bringt ihr den Segen Gottes in die Häuser. Ihr verkündet den Menschen die Frohe Botschaft dieses Festes: Jesus Christus ist uns geboren. Und zugleich bittet ihr um eine Spende für die Kinder in den ärmsten Ländern dieser Welt. So schenkt ihr ihnen Hoffnung, lasst sie aufatmen und Kraft schöpfen. Denn ein Kind ist uns geboren: Jesus, der Stern, der allen Menschen Licht und Leben schenken will.

Kyrie-Rufe

Herr Jesus Christus, du bist Mensch geworden und hast uns Hoffnung auf ein besseres Leben geschenkt. *(GL 156: »Kyrie, Kyrie eleison«)*

Herr Jesus Christus, durch deine Geburt hast du uns gezeigt, dass sich das Leben von nichts und niemandem eingrenzen lässt. *(GL 156)*

Herr Jesus Christus, du hast uns durch dein Leben ein Beispiel gegeben, dass wir füreinander sorgen müssen und aufeinander angewiesen sind. *(GL 156)*

Gebet

Herr Jesus Christus, die Weisen aus dem Osten sind dem Stern gefolgt und haben in der Krippe ihren Gott gefunden. Sie haben ihr Leben an den Stern gebunden, sind ihm selbst durch unwegsames Gelände nachgegangen. Wir bitten dich: Gib auch uns den Mut und die Kraft, dich zu suchen. Schenke uns neue Hoffnung, wenn wir daran zweifeln, dass uns der Stern wirklich zum Ziel führt. Und lass uns in dir das Leben finden, das du allen Menschen verheißen hast. Der du mit Gott, dem Vater, im Heiligen Geist lebst und herrschst in alle Ewigkeit.

Fürbitten

Die Sterndeuter aus dem Osten sind gekommen, um Jesus anzubeten. Vor ihm legen sie ihre Gaben nieder und mit ihnen ihr ganzes Leben. So kommen auch wir vor das Kind in der Krippe und bringen ihm unsere Sorgen und Anliegen: *Erhöre unser Gebet.*

Wir bitten dich für die Kinder und Jugendlichen, die als Soldaten eingesetzt und für den Dienst an der Waffe trainiert werden. Jesus, du unser Friede: …

Wir bitten dich für die Kinder und Jugendlichen, die nichts zu essen haben, die an Unterernährung und Nahrungsmangel leiden. Jesus, du Brot des Lebens: …

Wir bitten dich für die Kinder und Jugendlichen, die nicht lesen und schreiben können, denen jeglicher Zugang zur Bildung verwehrt bleibt. Jesus, du fleischgewordenes Wort: …

Wir bitten dich für die Kinder und Jugendlichen, die zwischen Schützengräben aufwachsen, die mitten im Kriegsgebiet zur Welt kommen. Jesus, du unsere Hoffnung: …

Wir bitten dich für die Kinder und Jugendlichen, die in diesen Tagen als Sternsinger von Haus zu Haus ziehen und als Boten deiner Liebe unterwegs sind. Jesus, du Kind in unserer Mitte: …

Herr Jesus, von Kindesbeinen an hast du die Sorgen der Menschen mitgetragen, hast du Not und Sehnsucht am eigenen Leib erfahren. Dir sei alles anvertraut, was unser Leben schwer macht. Du hörst und erhörst unser Rufen, unser Klagen, unser Weinen. Dich loben und preisen wir heute und in Ewigkeit.

Segensgebete und Aussendung der Sternsinger

V: Viele Gaben haben die Sterndeuter aus dem Osten zur Krippe gebracht. Auch unsere Sternsinger haben Geschenke dabei, die sie in die Häuser zu den Menschen bringen.

Sternträger: Ich bringe den Stern. Die Weisen haben ihn aufgehen sehen und sind ihm gefolgt. Durch ihn haben sie zu Jesus gefunden. Auch wir haben den Stern dabei, damit wir nie den falschen Weg einschlagen.

V: Herr Jesus Christus, du bist das wahre Licht, das in unsere Welt gekommen ist. Dich bitten wir: Strahle auf in unserer Nacht und mach unser Leben hell, wo es von so vielen Schatten verdunkelt ist.

König mit Weihrauch: Ich bringe den Weihrauch. Mit seinem Duft erfüllt er die Häuser und ist ein Zeichen dafür, dass Gott da ist. Wir entzünden den Weihrauch für Jesus, weil er der menschgewordene Gott ist.

V: Herr Jesus Christus, wie Weihrauch steige unser Beten zu dir empor. Dich bitten wir: Segne diesen Weihrauch, den die Sternsinger in die Häuser der Menschen tragen. In ihn dürfen wir auch unsere Sorgen und Nöte hineinlegen und zu Gott emporschicken.

König mit Kreide: Ich bringe ein Stück Kreide. Mit ihr schreiben wir den Segenswunsch auf die Türen der Wohnungen und Häuser und stellen die Menschen unter den besonderen Schutz Gottes.

V: Herr Jesus Christus, du bist bei uns alle Tage bis zum Ende der Welt. Dich bitten wir: Segne die Kreide, mit der dein Segen zu allen Menschen gebracht wird. Sei du immer bei ihnen, behüte sie auf all ihren Wegen, stärke sie in Krankheit und Leid und führe sie einst im himmlischen Reich zusammen.

König mit Gelddose: Ich bringe eine Dose für das Geld. Mit den Spenden helfen wir Kindern in den ärmsten Regionen unserer Welt. Wir sagen jetzt schon denen Dank, die sie mit ihrer milden Gabe unterstützen.

V: Herr Jesus Christus, was wir den geringsten unserer Brüder und Schwestern getan haben, das haben wir dir getan. Dich bitten wir: Segne alle Menschen, die mit ihrer Gabe dazu beitragen, dass anderen geholfen wird. Hilf uns, dass wir dem Nächsten, der in Not ist, beistehen und in ihm dich erkennen.

König ohne Gabe: Ich komme mit leeren Händen. Ich bringe die Anliegen unserer Sternsinger. Alles, was uns bewegt und bedrückt, Angst macht und einengt, lege ich vor dem Jesuskind nieder.

V: Herr Jesus Christus, du hast uns ausgesandt, allen Menschen von deiner Güte und Liebe zu erzählen. Dich bitten wir: Segne unsere Sternsinger, die sich aufmachen, um den Menschen deinen Segen zu bringen. Lass sie nicht mutlos werden in ihrem Dienst für die Armen und Notleidenden. Erhöre ihre Bitten und Gebete und lass sie dich finden, den wahren und lebendigen Gott.

22. Spätschicht in der Weihnachtszeit

»Fleischgeworden ist das Wort«

Eröffnung

Kehrvers (GL 255: »Das Wort wurde Fleisch«)

Fleischgeworden ist das Wort,
das schon vor der Welt bei Gott war,
und durch das Gott die Welt
und den Menschen ins Dasein
gerufen hat.

Kehrvers (V/A)

Fleischgeworden ist das Wort,
das die Propheten mahnend
zum Volk sprachen, um es zu
bekehren und die Herzen wieder
Gott zuzuwenden.

Kehrvers (V/A)

Fleischgeworden ist das Wort
und hat unter uns sein Zelt
aufgeschlagen, ist ein Mensch
geworden wie wir und zugleich
Gott geblieben.

Kehrvers (V/A)

Fleischgeworden ist das Wort,
damit wir durch ihn Leben in
Fülle erlangen und ihm gleich
werden, der uns von Anbeginn
berufen hat.

Lied (GL 247: »Lobt Gott ihr Christen«)

Lesung (Lk 2,1–20)

Impuls

Einsam und verlassen liegt der Ort, Betlehem genannt,
einsam und verlassen die Krippe, in die das Neugeborene gelegt wird,
einsam und verlassen Maria und Josef, Fremde in dieser Gegend.

Niemals hat jemand ein solch großes Wunder gesehen
wie das, was sich in der Verlassenheit und Ausgrenzung ereignet hat.
In tiefster Nacht,
als größte Stille die Erde umfing,
sangen Engel vom Frieden.

Und ein Stern erleuchtete den Nachthimmel,
über dem einsamen Stall blieb er stehen.

Was das alles zu bedeuten hat?
So recht wussten die Hirten nicht, was sich da zugetragen,
und sie fürchteten sich vor der Herrlichkeit Gottes.

Und sie vernehmen die Kunde des himmlischen Boten
und ihr Herz jubelt vor Freude über den Messias
und sie machen sich eilends auf, dem zu begegnen,
von dem die Propheten so Großes berichten,
nach dem sich Israel schon so lange sehnt.

In einem einsamen und verlassenen Stall
finden die Hirten ein neugeborenes Kind,
Jesus, ein wehrloses Geschöpf.
Wer von ihnen ahnte schon, dass er einmal
Menschen heilen und Wunder vollbringen wird?
Dass er mit seinem Wort den Sturm stillt,
Brot und Fisch vermehrt?

Doch im Augenblick ist die Sorge größer,
dass er, der das All geschaffen hat,
in der Kälte der Nacht nicht friert,
und dass der Gute Hirte
von den Gästen nicht geweckt wird.

Mag einer begreifen, was hier geschehen ist?

Lied (GL 256: »Ich steh an deiner Krippe hier«)

Fürbitten

Folge dem Stern,
auch wenn du ihn nur über einem
heruntergekommenen Stall aufstrahlen
siehst.

Wir bitten dich, Gott, für die Menschen, die auf der Flucht sind vor Krieg, Terror, Gewalt und die in notdürftigen Unterkünften eine Bleibe suchen.

Ruf: GL 635,4 (»Heute erstrahlt ein Licht über uns«)

Folge dem Stern,
auch wenn du ihn inmitten der finsteren
und kalten Winternacht leuchten
siehst.

Wir bitten dich, Gott, für die Menschen, die obdachlos und ohne Heimat sind, die in diesen weihnachtlichen Tagen in der Kälte frieren müssen.

Ruf: GL 635,4

Folge dem Stern,
auch wenn du ihn nur schwach leuchten
und fast gar nicht wahrnehmbar
siehst.

Wir bitten dich, Gott, für die Menschen, die alle Hoffnung verloren haben, die an sich selbst verzweifeln und nicht mehr ein noch aus wissen.

Ruf: GL 635,4

Folge dem Stern,
auch wenn du zweifelst und mit dir haderst,
ob du ihn wirklich hoch am Himmel stehen
siehst.

Wir bitten dich, Gott, für die Menschen, die nicht mehr Weihnachten feiern können, weil sie den Glauben an dich, den Heiland der Welt, verloren haben.

Ruf: GL 635,4

Folge dem Stern,
auch wenn du gerade so viele
andere wichtige Dinge, die es zu erledigen gibt,
siehst.

Wir bitten dich, Gott, für die Menschen, die den Blick für das Wichtige verloren haben, die nur um sich selbst kreisen und den Mitmenschen in seiner Not nicht wahrnehmen.

Ruf: GL 635,4

Folge dem Stern,
der dich zum Kind von Betlehem führt,
weil du in ihm Ursprung und Ziel deines Lebens
findest.

Vaterunser

In unseren eigenen Anliegen, mit all dem, was uns auf dem Herzen liegt, dürfen wir zu unserem Gott kommen und beten: Vater unser …

Impuls zum Abschluss

Was wäre, wenn es wahr wäre,
dass ein Gott die Menschen so sehr liebt,
dass er selbst Mensch wird und
mitten in die Welt kommt?

Was wäre, wenn es wahr wäre,
dass der Himmel die berührt hat,
dass Engel herabgekommen sind,
um Frieden zu verkünden?

Was wäre, wenn es wahr wäre,
dass Hirten die Frohe Botschaft hörten,
dass sie hineilten und in einer Futterkrippe
den Heiland der Welt fanden?

Was wäre, wenn es wahr wäre,
dass ein alles erhellender Stern aufstrahlte,
dass Könige sich auf die Reise machten,
um dem König der Welt zu huldigen?

Was wäre, wenn es wahr wäre,
dass Weihnachten wirklich geschehen ist,
dass in allem Hass und Krieg
die Liebe menschliche Gestalt angenommen hat?

Es ist wahr,
das Wort ist Fleisch geworden,
Gott ist Mensch geworden
für uns und mit uns,
Halleluja.

Lied (GL 243: »Es ist ein Ros entsprungen«)

23. Erscheinung des Herrn

»Gold der Liebe, Weihrauch der Sehnsucht, Myrrhe der Schmerzen« (6. Januar)

Einführung

Die letzten Gäste sind an der Krippe angekommen. Von weit her sind sie angereist, lang und beschwerlich war ihr Weg. Aus dem Morgenland stammen sie, Sterndeuter von Beruf – so erzählt es uns Matthäus in seinem Evangelium. Der Kreis ist größer geworden: Es sind nicht mehr nur die engsten Nachbarn, die dem Jesuskind ihre Ehre erweisen. Sogar Menschen, die weit entfernt von Betlehem leben, in einem fremden Land, gelangen zur Krippe. Der Grund ihrer Reise ist eindeutig: Sie sind gekommen, um ihn anzubeten.

Für alle Völker ist Gott Mensch geworden, nicht nur für einige Auserwählte. Und so sind schließlich alle eingeladen, zur Krippe zu kommen: Ob jung, ob alt, reich oder arm, jeder ist willkommen. Alle will Christus an sich ziehen, um uns allen seine ungeteilte Liebe zu erweisen.

Kyrie

Herr Jesus Christus, du König der Könige, Herr aller Herren.

Herr Jesus Christus, dein Reich ist Liebe und Wahrheit, Gerechtigkeit und Frieden.

Herr Jesus Christus, deine Herrschaft offenbart sich in der Barmherzigkeit.

Impuls für eine Ansprache I

»Wenn möglich, bitte wenden!« – Wer ein Navigationsgerät besitzt, dem wird dieser Satz höchstwahrscheinlich bekannt vorkommen. Denn nicht nur, wenn man sich wirklich verfahren hat, sondern auch, wenn vielleicht eine Straße noch nicht im technischen Kartenprogramm verzeichnet ist, kann man die Anweisung vernehmen: »Wenn möglich, bitte wenden!« So schön es auch ist, dass man sich mit solch moderner Technik das Kartenlesen erspart, so anstrengend kann es dann auch sein, wenn sich das Navigationsgerät selbst nicht mehr zurechtfindet und dauernd nur zum Wenden aufruft.

Es war zwar technisch noch nicht auf dem neuesten Stand und hat vermutlich noch nicht so gut funktioniert, wie die Geräte 2000 Jahre später, doch auch die Weisen aus dem Morgenland beginnen ihre Reise nicht völlig planlos. Sie können auf ein Navigationsgerät vertrauen, welches ihnen den richtigen Weg hin zum Ziel zeigt. Der Stern, so schreibt es Matthäus, zieht vor ihnen her und bleibt schließlich über dem Haus stehen, in dem sich Maria und Josef und das Kind aufhalten. Mit dem endgültigen Haltmachen des Sterns haben die Weisen ihr Ziel erreicht, und sie »wurden von sehr großer Freude erfüllt« (Mt 2,10). Die Reise ist glücklich zu Ende gebracht und Gott sei Dank kein »wenn möglich, bitte wenden«. Denn auch das wäre ja möglich gewesen: dass die Männer aus dem Osten am Ende irgendwo herauskommen, irgendetwas an diesem Stern falsch gedeutet haben und letztendlich die ganze Reise vergebens war. Als sie zu Hause aufgebrochen sind, haben sie noch nicht gewusst, wann und wo sie ankommen werden. Als sie ihre Familien verlassen haben, war nicht gewiss, ob sie überhaupt jemals wieder lebend zurückkehren werden. Aber schlussendlich geht doch alles glatt, die Weisen kommen zum Ziel und der Stern war ein verlässlicher Navigator.

Und wir? Wie steht es um unseren Aufbruch, dem Stern zu folgen und zur Krippe zu gelangen? Oft sind wir doch zu unsicher, diesem Weg zu folgen. Den Stern sehen wir zwar, ihm aber nachzugehen, wagen wir nicht. Zu groß ist die Gefahr, dass wir nicht ankommen, dass wir uns verlaufen und dass es am Ende heißt: »Wenn möglich, bitte wenden.« Wir gehen da lieber unsere ausgetretenen Pfade, bewegen uns in den bekannten Gefilden und bleiben da stehen, wo wir schon immer waren. Wir erblicken in diesen Weihnachtstagen wieder das Kind hier in der Krippe liegend, aber den Schritt auf das Kind zu, dem Stern hinterher, den trauen wir uns dann doch nicht. Wer weiß schon, wo ich ankommen könnte? Wer kann mir die Mühen und Strapazen für den langen Weg hinter dem Stern her schon belohnen? Und was ich da alles verpassen würde und in dieser Zeit Wichtiges erledigen könnte. So bleiben wir lieber gemütlich daheim in der warmen Stube, bei romantischem Kerzenlicht und feiern ganz idyllisch Weihnachten.

Doch die Hauptsache von Weihnachten, die verpassen wir eigentlich. Denn allein den Strahl des Sternes zu sehen, reicht eben nicht aus. Die

Sterndeuter haben sich aufgemacht, sind dem Stern gefolgt und haben am Ende Christus gefunden, den Heiland der Welt. Sie können uns zum leuchtenden Vorbild sein, wenn auch uns manchmal der Mut fehlt, das Alltägliche und Gewöhnliche hinter uns zu lassen und uns ins Unbekannte, vielleicht auch Gefährliche zu stürzen. Die Weisen sind ein Beispiel, wie der Glaube Beine bekommen muss, wie es auch Anstrengungen und manche Mühen braucht, um zum Jesuskind zu finden. Ein daheim Rumsitzen und Warten, dass etwas passiert, reicht eben nicht aus. Es braucht Eigeninitiative, das Durchhalten in mancherlei Prüfungen, das gehört dazu. Am Schluss werden wir aber – und das ist Motivation auf unserer Reise – reichlich entlohnt: Wir dürfen Christus begegnen, dem Messias, dem Herrn, der uns mehr zu schenken vermag, als wir uns je erhofft hätten. Er gibt alles und nimmt doch nichts. Der Grund für diese lange Reise ist zutiefst lapidar und doch so existenziell wichtig: Wir sind gekommen, um ihn anzubeten.

Wagen wir die Reise, dem Stern hinterher! Und finden wir schließlich Christus, huldigen wir ihm und schenken wir ihm, was unser Leben für ihn bereithält. Der Theologe Karl Rahner lädt uns in einem seiner Texte dazu ein: »Brich auf, mein Herz, und wandre! Es leuchtet der Stern. Viel kannst du nicht mitnehmen auf den Weg. Und viel geht dir unterwegs verloren. Laß es fahren. Gold der Liebe, Weihrauch der Sehnsucht, Myrrhe der Schmerzen hast du ja bei dir. Er wird sie annehmen« *(Rahner, Karl: Das große Kirchenjahr. Geistliche Texte. Herausgegeben von Albert Raffelt, Freiburg im Breisgau, ²1987, S. 161)*. Und über die Weisen schreibt Rahner: »Der Weg ist weit – die Füße oft müde – das Herz wieder oft schwer und verdrossen. Und es kommt sich seltsam vor, und es ist schmerzlich, so ganz anders sein zu müssen, als die Herzen der anderen Menschen (...). Ihr Herz aber hält durch, sie wissen selbst nicht, woher der Mut und die Kraft immer wieder kommen, die nicht aus ihnen sind, die immer nur gerade reichen, die aber auch nie ausgehen« *(Ebd., S. 158f.)*.

Das wünsche ich uns: dass unser Herz sich aufmacht, hin nach Betlehem, und dem Stern folgt. Wohl um die Gefahren wissend, aber immer das Ziel vor Augen und die Gewissheit, auch nach mancher Sackgasse wieder den richtigen Weg zu finden. »Laßt auch uns auf die abenteuerliche Reise des Herzens zu Gott gehen! Laßt uns laufen! Laßt uns vergessen, was hinter uns liegt. Es ist noch alles Zukunft. Es sind noch alle Möglichkeiten des Lebens offen, weil wir Gott noch finden, noch mehr finden können. Nichts ist vorbei und dem verloren, der Gott entgegenläuft« *(Ebd., S. 159)*.

Impuls für eine Ansprache II

Traditionell bringen die Sterndeuter aus dem Osten drei Gaben mit zur Krippe und legen sie vor dem Jesuskind nieder: Gold, Weihrauch und Myrrhe. Drei Gaben, die für uns moderne Menschen aus der westlichen Welt doch eher exotisch wirken. Myrrhe und Weihrauch sind eher im Orient beheimatet, ihr Duft erfüllt die arabischen Suks und nicht die deutschen Supermärkte. Auch der Umgang mit Gold ist für uns heute nichts Alltägliches mehr. Früher zahlte man noch mit Goldmünzen, hatte also immer ein bisschen von diesem wertvollen Material in der Tasche. Mittlerweile legt man an der Börse höchstens noch in Gold an und selbst dann bekommt man nicht unbedingt einen großen Goldbarren mit nach Hause. Diese lagern irgendwo verborgen in den Tresoren der großen Banken. – Gold, Weihrauch und Myrrhe sind uns vielleicht auf den ersten Blick fremd, und doch steckt in ihnen vielleicht auch unsere Gabe.

Das Gold steht für das Wertvolle, das wir dem Jesuskind mitbringen. Vor ihm legen wir all unser Hab und Gut nieder, für ihn ist es angemessen, dass wir ihm alle unsere Wertgegenstände hingeben. Das muss sich nicht nur auf materielles Vermögen beziehen, nicht nur was auch teuer in der Anschaffung war, eignet sich als Geschenk für Jesus. Auch die ideellen Werte zählen. Im Gold sind auch die vielen Menschen verborgen, die uns am Herzen liegen, die uns wichtig und auf diese Weise kostbar sind. Sie alle bringen wir mit nach Betlehem, alles können und dürfen wir vor dem Kind in der Krippe hinlegen.

Die Myrrhe steht für das Bittere, das Herbe, das wir dem Jesuskind mitbringen. Im Leben eines jeden Einzelnen gibt es immer wieder so viel Bitterkeit. Schwere Momente, in denen es das Leben nicht gerade gut mit uns meint, in denen wir an uns selbst und manchmal auch an Gott verzweifeln. Herbe Rückschläge gilt es einzustecken. Nicht immer nur gehen wir als Sieger vom Platz, zu oft sind wir auch Verlierer. Und weil auch sonst das Leben oftmals voller Schicksalsschläge steckt und nie nur zuckersüß sein kann, bekommt es gelegentlich einen bitteren Beigeschmack. Doch auch dies dürfen wir, so zeigen es uns die Sterndeuter, mit zur Krippe bringen. Nicht nur das Gute und Schöne hat bei Jesus seinen Platz, sondern auch das, was nicht schmeckt, was nicht so gut gelaufen ist.

Der Weihrauch steht für die vielen Gebete, die wir dem Jesuskind mitbringen. »Wie Weihrauch steige mein Gebet zu dir auf«, spricht schon der Psalmist des Alten Testaments. Der Weihrauch, der zur gottesdienstlichen Feier verwendet wird, symbolisiert all unsere Gebete und Bitten, die zu Gott hinaufsteigen, unaufhaltsam sich emporkämpfen und von nichts und niemandem aufgehalten werden können. Diese unzähligen Gebete der Menschen bringen wir zur Krippe mit. Es sind die Anliegen unserer Zeit, die wir vor ihn hintragen, der Dank, aber auch die Bitte so vieler Beter. Es sind die Sorgen, Hoffnungen und Nöte, die ins Wort gefasst im Gebet vor Gott gebracht werden. Sie alle finden im Weihrauch ihren Platz, den die Sterndeuter mit zur Krippe tragen.

Gold, Weihrauch und Myrrhe – so fremd uns diese Gaben zunächst auch sein mögen, so vertraut sind sie uns doch. Im Leben jedes Menschen haben sie ihren Platz: etwas, das wertvoll ist wie Gold, die Bitterkeit der Myrrhe und die Gebete des Weihrauchs. Die Sterndeuter bringen diese Gaben zum Kind in der Krippe, legen sie ihm zu Füßen, bringen sie ihm als ihre Geschenke dar. In ihnen liegt unser ganzes Leben, mit seinen schönen, hoffnungsvollen und traurigen Momenten vor dem menschgewordenen Gott. Nichts müssen wir vor dem Kind verbergen, alles dürfen wir ihm darbringen. Weil wir gewiss sein dürfen: Alles hat bei ihm seinen Platz. Er nimmt alles an. Das, was uns am Herzen liegt, was wertvoll in unserem Leben ist. Unsere Gebete, unsere Bitten, Sorgen und Ängste. Und auch die bitteren Momente unseres Alltags, die Enttäuschungen und der Misserfolg.

Impuls für eine Ansprache III (Mt 2,1–12)

Prächtig sehen sie aus mit ihren kostbaren Gewändern, auf dem Haupt eine goldene Krone. Wertvoll ist ihre Kleidung, aus feinstem Stoff, mit teuren Steinen verziert. Die weite Reise sieht man ihnen nicht an. Das Edelste, was sie besitzen, haben sie angezogen, weil es diesem Anlass wohl entspricht. Nicht mit leeren Händen kommen sie: Drei Kostbarkeiten haben sie in ihrem Gepäck mitgebracht. Dazu die Reisetiere, Kamele, Elefanten und Pferde, eine ganze Schar an Dienern befindet sich in ihrem Gefolge. Und so kommen sie nun tausende Kilometer weit von ihrer Heimat entfernt am Ziel ihrer Reise an. Wer mag sie da erwarten? Auf wen werden sie treffen? Wie wird dieser König, dem zu huldigen sie sich aufgemacht haben, residieren? Wie groß ist sein Schatz, wie umfangreich ist sein Reichtum? Fragen über Fragen, die am Ende alle anders beantwortet werden, als die drei Männer es sich bestimmt schon in ihrer Fantasie ausgemalt hatten.

Von prächtiger Kleidung erzählt uns Matthäus nichts. Auch erwähnt er mit keiner Silbe, dass es sich um *drei* Männer gehandelt habe und dass es Könige gewesen seien. Das heutige Evangelium spricht von »Sterndeutern aus dem Osten«, die erst in unserer Tradition zu dem geworden sind, als was wir sie heute verehren: die drei Könige. So sind sie in vielen Krippendarstellungen zu sehen und in ähnlicher Form stehen sie uns als Sternsinger in vielen Gegenden noch ganz lebendig vor Augen. Zahlreiche Jungen und Mädchen dürfen heute einmal König oder Königin sein und in prunkvollen Gewändern, die Krone oder den Turban auf dem Kopf, durch die Straßen ziehen. Im Laufe der Jahrhunderte haben diese fremden Männer, von denen Matthäus berichtet, die Königsgestalt angenommen. Inwieweit sie wirklich Könige oder in herrschaftliche Strukturen eingebunden waren, das freilich können wir heute nicht mehr beurteilen. Aber wir wissen, warum sie sich aufgemacht haben auf diesen langen und beschwerlichen Weg. Wir kennen den Grund ihrer Reise. Das nämlich sagen sie ganz offen: Wir sind gekommen, um ihn anzubeten.

Wir dürfen wohl davon ausgehen, dass die Männer noch nicht wussten, was genau sie am Ende ihrer Reise erwarten wird. Annehmen können wir, dass sie damit rechneten, einem König zu begegnen, dem neugeborenen König der Juden. Und so scheint es ganz logisch, zunächst in einem Palast nach ihm zu suchen. Denn wo sonst ist ein König zu finden, wenn nicht in einem der feudalen und reich ausgestatten Schlösser? Wie schockierend muss für sie die Tatsache gewesen sein, dass der König, den sie suchen, nicht in einem der reichen Häuser Jerusalems wohnt. Der König, den sie anbeten wollen, er liegt in einer Futterkrippe, in einem Stall, draußen auf den unsicheren Feldern Betlehems. Kein goldener Thron, keine Krone, kein Hofpersonal. Nur Maria und Josef, Ochse und Esel. Die Einzigen, die ihm huldigen, sind die Hirten; einfache Leute, mit denen die Oberschicht nichts zu schaffen haben will. Der neugeborene König der Juden, den die Sterndeuter suchen, ist allem Augenschein nach alles andere als ein König. Nirgendwo wird seine Macht deutlich, seinen Reichtum kann er nicht zeigen, weil die Familie nicht viel besitzt. Aber gerade zu ihm kommen die Menschen von weit her. Zu ihm reisen die Sterndeuter aus dem Osten, wie weit das auch sein mag. Nicht zu Herodes kommen sie, um ihm zu huldigen. Nicht im Jerusalemer Palast wollen sie ihre Geschenke abgeben. Dabei ist es durchaus verständlich, wenn

Herodes mit Neid und Eifersucht reagiert und den neuen König aus dem Weg räumen will. Denn was er durch Krieg und Eroberungszüge nicht erreicht hat, das schafft ein anderer durch seine bloße Geburt: dass fremde Völker von weither kommen und vor ihm auf die Knie fallen. So ist der Besuch der Sterndeuter zugleich eine politische Provokation und ruft eine Auseinandersetzung hervor, die für Herodes nur auf gewaltsame Weise zu lösen ist.

Wenn schon nicht die Männer aus dem Osten Könige sind, so ist es doch wenigstens der, den sie anbeten wollen. Er ist der König des Himmels und der Erde, seine Macht ist so viel größer als die aller weltlichen Herrscher. Das erkennen die Sterndeuter und nehmen diese beschwerliche Reise auf sich. Dem Jesuskind bringen sie ihre Geschenke dar, der große Herodes hingegen muss leer ausgehen. Seine Herrschaft ist vergänglich und brüchig. Die Herrschaft des neuen Königs aber ist ewig und hat für immer Bestand. Freilich bleibt das Königtum Jesu ein verborgenes, eines, das nur denen offenbar wird, die sich hinabbeugen zu ihm. Ein Königreich, an dem die Anteil erlangen, die den König nicht in den Herrscherhäusern suchen, sondern unter den Armen und Ausgestoßenen. Dort lässt er sich finden. Und dort stoßen auch die Sterndeuter auf ihn: in der Niedrigkeit des Stalles, in der Gestalt eines vertriebenen Neugeborenen. Da ist der König der Juden, hier fallen sie auf die Knie und beten ihn an. Ihn, den König der Welt, den Herrscher über Zeit und Ewigkeit. Die Sterndeuter waren keine Könige, aber sie sind zu Königen geworden, weil er allen Anteil an seinem Königtum schenkt, die sich zu ihm bekennen und in ihrem Leben mit ihm Neues wagen.

Fürbitten

Die Weisen sind dem Stern gefolgt und haben Jesus Christus gefunden. Im Kind in der Krippe ist allen, die auf der Suche sind, das Heil erschienen. Zum Gottessohn dürfen wir mit unseren Bitten kommen und zu ihm rufen: *Herr, erbarme dich unser.*

Für die Menschen, die auf der Suche nach Gott sind: Beschütze ihre Wege und führe sie zum Ziel, das du selber bist. ...

Für die Menschen, die auf der Suche nach Leben sind: Schenke ihnen Ermutigung und lass ihnen deinen Stern in der Finsternis aufstrahlen. ...

Für die Menschen, die auf der Suche nach Liebe sind: Gib ihnen Weggefährten zur Seite, die von deiner großen Güte erzählen und sie spürbar werden lassen. ...

Für die Menschen, die auf der Suche nach Heil sind: Richte die Kranken auf, stärke die Verzagten und Mutlosen, erfülle die Lebensmüden mit neuer Hoffnung. ...

Herr Jesus Christus, wir sind gekommen, um dich anzubeten und zu preisen. Dir sei unser Dank und Lob, heute und in Ewigkeit.

Meditation I (Jes 60,1–6)

Über Jerusalem erstrahlt ein herrliches Licht,
ein leuchtender Stern geht über der Stadt auf.

Vom Licht angezogen eilen Völker herbei,
Könige von weither mit ihren kostbaren Schätzen.

Jerusalem strahlt und glänzt im Schein des Sterns,
sie ist die prächtigste aller Städte, wertvoll wie Gold.

Weihrauchduft erfüllt ihre Gassen,
alle Schätze dieser Welt sind in ihr versammelt.

Der über Jerusalem aufgehende Stern
hat einen Namen: Jesus Christus.

Ob seiner Herrlichkeit ziehen die fremden Völker herbei,
kommen die Könige der Welt, um ihn anzubeten.

Meditation II (Mt 2,1–12)

Bist du der König der Juden?,
wird Jesus von Pilatus gefragt,
als dieser ihm den Prozess macht.

Du bist der Sohn Gottes,
du bist der König von Israel,
bekennt Natanael.

Als die Menschenmenge Jesus
zum König machen will,
flieht er in die Einsamkeit.

Wo ist der neugeborene König?,
fragen die Sterndeuter
auf der Suche nach Jesus.

Jesus ist wahrhaft ein König,
doch ein König der ganz anders ist,
als viele es erwarten würden.

Ein König, der in der Krippe liegt,
ein König, der mit Sündern und Armen isst,
ein König, der am Kreuz stirbt.

Sein Königreich ist Liebe und Wahrheit,
Gerechtigkeit und Frieden,
nicht durch Gewalt herbeizuführen.

Die Sterndeuter haben das erkannt:
Von fern kommen sie herbei, knien nieder
und huldigen dem König der Welt.

24. Taufe des Herrn

»Während er betete, öffnete sich der Himmel« (Sonntag nach dem 6. Januar)

Einführung (Mt 3,13–17; Mk 1,7–11; Lk 3,15–16.21–22)

»Wer ist dieser Mensch?«, werden die Leute, die Jesus begegnen, einmal fragen. Sie wissen ihn nicht recht einzuordnen. Ist er nur irgendein Prophet, ein Schriftgelehrter, der mit einer ganz neuen Autorität die Schrift auslegt? Oder ist er einer der zahlreichen Wundertäter, der mit seinem Tun die Volksmenge beeindruckt?

Bereits am Beginn seines öffentlichen Wirkens, bei seiner Taufe im Jordan, wird für den Hörer des Evangeliums klar, wer dieser Jesus ist. Die Stimme aus dem Himmel offenbart ihn als den Sohn Gottes, der in diese Welt gesandt ist, um die Menschen mit Gott zu versöhnen.

Kyrie

Herr Jesus Christus, du bist der geliebte Sohn des Vaters.

Durch die Taufe sind wir eingeschrieben in die Hand Gottes.

Im Wasser und im Geist sind wir neu geboren als seine Kinder.

Impuls für eine Ansprache

Wenn dunkle Wolken den Himmel bedecken, wenn es wieder nach Regen oder Schnee aussieht, dann wünscht man sich in diesen trüben Tagen einmal wieder richtigen Sonnenschein. Die Sehnsucht nach den wärmenden Strahlen der Sonne, die schon langsam den Frühling ankündigen, erfüllt viele Menschen in diesen ersten Tagen des neuen Jahres. Wann hat das Winterwetter endlich ein Ende? Wann reißt der Himmel auf und lässt die Sonne wieder auf uns herableuchten?

Der mit dunklen Wolken verhangene Himmel und die Sehnsucht nach Sonnenschein ist auch ein Bild für unser menschliches Leben. Wessen Leben gleicht nicht zu oft diesem bewölkten Himmel? Wie oft lechzen wir nicht auch nach einem Lichtblick in unserem Alltag? Wer hat nicht jeden Tag aufs Neue sein Kreuz zu tragen? Krankheit, Arbeitslosigkeit, Not, Tod, Elend, Hoffnungslosigkeit – um nur einige Kreuze exemplarisch zu nennen, die uns drückend auf der Schulter liegen, 365 Tage im Jahr. Und das alles führt natürlich letztendlich dazu, dass wir uns fragen »Warum?«, »Wofür?«, dass wir uns nach Erlösung, nach einem Licht am Ende des Tunnels sehnen. Dass der graue, wolkenverhangene, verregnete Himmel aufreißt und die Sonne mit neuer Kraft herableuchtet und mein Leben erhellt. Aber wann reißt der Himmel endlich auf? Wann hat die Verzweiflung ein Ende? Wer ist es, der mir das kleine bisschen Glück bringt, nach dem ich so sehnsuchtsvoll verlange und strebe?

Wer, wenn nicht das Kind in der Krippe?! Mit dem Fest der Taufe des Herrn, das wir heute feiern, beenden wir die Weihnachtszeit und treten wieder ein in die Zeit im Jahreskreis. Im Evangelium vom heutigen Sonntag heißt es: »Und während er betete, öffnete sich der Himmel.« Für Jesus reißt der Himmel im Augenblick seiner Taufe auf und sein Vater bekennt ihn als seinen eingeborenen Sohn. Das, was die Hirten und die Sterndeuter aus dem Osten bereits erkannt haben, wird heute noch einmal der ganzen Welt geoffenbart: Jesus Christus ist der menschgewordene Gott. Durch ihn ist ein Stück Himmel auf diese Erde gekommen. Ja, er sorgt dafür, dass der Himmel für uns Menschen offen steht. Und doch ahnen wir zugleich, wie oft dieser Himmel für Jesus selbst verschlossen war. Wir können an Erfahrungen, die Jesus mit seinen Jüngern machen musste, denken. Im Augenblick, in dem es wirklich auf sie angekommen wäre, legen sie sich schlafen und lassen ihren Herrn und Meister allein sein Kreuz auf sich nehmen. Rufen wir uns die vielen Auseinandersetzungen und Streitigkeiten, die Jesus mit den Schriftgelehrten und Pharisäern hatte, ins Gedächtnis. Wie oft wurde nicht versucht, ihm eine Falle zu stellen? Wie oft haben die Menschen nicht ihre Ohren verschlossen für die Wahrheit, für die Zeugnis abzulegen er in die Welt gekommen war? Auch Jesus hatte diese Stunden der Verzweiflung, der Hoffnungslosigkeit, in denen er sich danach gesehnt hat, dass der Himmel endlich aufhellt.

Wann öffnet sich denn nun endlich für mich persönlich der Himmel? Für Jesus geschieht das, als er bei seiner Taufe zu beten beginnt. So kann es sich auch in meinem Leben ereignen. Wenn ich hinter all den Schatten, die mein Leben trüben, endlich die Sonne erahne, die sicher kommt. Wenn ich mir Hoffnung schenken lasse, in all der Hoffnungslosigkeit meines Alltags. Wenn ich daran glaube, dass dies nicht das Ende, sondern der Anfang und Neubeginn meines Daseins ist. Wenn ich es selber wage, ein Licht anzuzünden, um selber zum Licht zu werden in der Dunkelheit dieser Welt. Dann, ja dann reißt für mich der Himmel auf.

Jesus Christus ist unser Begleiter auf diesem Weg zum offenen Himmel. Durch ihn, durch seine Menschwerdung und Geburt, ist er uns als helles Licht aufgeleuchtet, hat er uns Hoffnung gebracht, hat er der Welt einen Neubeginn geschenkt. Er ist uns Vorbild. Das Kind in der Krippe erfüllt unsere Sehnsucht und unser Verlangen. Das Kind in der Krippe zeigt, wofür es sich zu leben lohnt – trotz aller Widrigkeiten des Alltags. Das Kind in der Krippe ist es, das uns dieses bisschen Glück schenkt, nach dem wir streben. Jesus Christus steht für den offenen Himmel, aus dem wir alles empfangen, was unsere Sehnsüchte stillt. Denn wie über ihm, so lässt Gott auch über jedem von uns den Himmel aufgehen, weil er Gefallen gefunden hat an mir, an dir, an jedem Einzelnen von uns!

Fürbitten

Gott hat seinen Sohn in diese Welt geschickt. Am Jordan reiht er sich in die Schar der Bußwilligen ein und lässt sich von Johannes taufen. Zu ihm, der zu unserem Heil gekommen ist, beten wir: *Christus, Herr, erhöre uns.*

Für alle erwachsenen Taufbewerber und für die Katechumenen, die sich in diesen Tagen auf ihre Taufe vorbereiten. …

Für alle Eltern, die ihr Kind taufen lassen wollen und es dem lebendigen Gott anvertrauen. …

Für alle, deren Taufe schon mehrere Jahre zurückliegt und die oft vergessen, welche Gnade sie empfangen haben. …

Für alle, die nicht getauft sind und die noch nach dem Sinn und Ziel ihres Lebens suchen. …

Herr Jesus Christus, du bist Mensch geworden, um uns immer nahe zu sein. Höre unsere Bitten und Anliegen und steh uns bei in all unserer Not, die uns so oft bedrückt.

Meditation I (Jes 42,5a.1–4.6–7)

Wer findet vor Gott Gefallen?

Der Reiche und Erhabene?
Der Schöne und laut Rufende?
Der Ungerechte und alles Auslöschende?
Der Kriegerische und Egoistische?
Der unfair lebt und verurteilt?

Wer findet vor Gott Gefallen?
Jesaja schreibt, wie der Knecht Gottes,
sein Erwählter wirklich ist.

Den Völkern bringt er das Recht.
Seine Stimme erhebt er nicht sinnlos.
Das Rohr, das geknickt ist, zerbricht er nicht.
Den Docht, der nur noch glimmt, löscht er nicht.
Er bringt den Menschen wirklich Gerechtigkeit.

Meditation II (Mk 1,7–11)

Taufe,
aus Wasser und Heiligem Geist.

Taufe,
in Christus neu geboren.

Taufe,
in die Kirche eingegliedert.

Taufe,
Gottes Eigentum zu seinem Lob.

Taufe,
Kind Gottes.

Taufe,
neues Leben selbst im Tod.

25. Jugendgottesdienst in der Weihnachtszeit

»Wo fängt dein Himmel an?«

Nach Möglichkeit kann der Gottesdienst mit modernen Liedern, die sich mit dem Thema »Himmel« auseinandersetzen, gestaltet werden. Hierzu eignen sich z. B. Sido: »Der Himmel soll warten«, Philipp Poisel: »Wo fängt Dein Himmel an«, Silbermond: »Himmel auf« und viele mehr.

Einführung

An Weihnachten ist in Jesus Christus ein Stück Himmel auf unsere Erde gekommen. Die Grenzen zwischen oben und unten sind zerbrochen. Engel singen auf der Erde vom Frieden und gleichzeitig werden arme Hirten zu Engeln, wenn sie Gott für seine Größe loben und preisen. Der heilige Stephanus hat im Augenblick seines Martyriums den Himmel offen gesehen. Und auch bei der Taufe Jesu am Jordan reißt der Himmel auf und eine Stimme ruft herab: »Du bist mein geliebter Sohn.«

Weil die Weihnachtszeit so eng mit dem Himmel verbunden ist, wollen auch wir uns heute besonders diesem Thema widmen. Wir wollen die biblischen Texte hören, die uns berichten, wie Menschen dem Himmel begegnen. Die uns aber zugleich auch nachdenklich machen und anfragen: Wo fängt dein Himmel an?

Kyrie-Rufe

Manchmal verliere ich den Himmel aus den Augen. Anderes lenkt mich ab und zieht meine Aufmerksamkeit auf sich. Ich gehe meinen Weg durch diese Welt, ohne nur einen Gedanken an den Himmel zu verschwenden. Zur dir darf ich kommen und rufen: *Kyrie eleison (GL 156).*

Manchmal suche ich den Himmel in Dingen, in denen er nicht zu finden ist. Ich laufe meinen eigenen Gedanken und Ideen hinterher und vergesse dabei, den Blick zu weiten für das, was über mir liegt. Zu dir darf ich kommen und bitten: *Christe eleison (GL 156).*

Manchmal sind meine Augen so gen Himmel fixiert, dass ich übersehe, was um mich herum geschieht. Ich suche den Himmel in weiten Fernen und denke nicht daran, dass ich ihn auch im Nächsten finden kann. Zu dir darf ich kommen und beten: *Kyrie eleison (GL 156).*

Lesung (Gen 28,10–19)

Evangelium (Lk 3,21–22)

Anstelle einer Ansprache werden Antworten auf die Frage gesucht, wo für die Jugendlichen der Himmel anfängt. Der Gottesdienstleiter kann zunächst in wenigen Sätzen das Thema der Schrifttexte aufnehmen und zur Frage überleiten »Wo fängt dein Himmel an?« Anschließend können mehrere Jugendliche (aus dem Vorbereitungsteam oder auch spontan) nach vorne kommen und ihre Antwort auf diese Frage geben. Alternativ eignet sich auch eine Dialogpredigt, um der Frage nachzugehen.

Meditation

Und wo fängt dein Himmel an?

Dort, wo man von Gott erzählt,
von seinen Wundern berichtet,
seine Größe voll Freude preist.

Dort, wo Menschen über Jesus sprechen,
sein Evangelium verkünden,
und seine Liebe leben.

Dort, wo wir einander mit offenen Armen begegnen
und dem anderen
einen Platz in unserem Leben schenken.

Dort, wo Menschen sich lieben,
sich füreinander einsetzen,
auch wenn das auf eigene Kosten geschieht.

Dort, wo ich in dieser Welt
mit meinen Worten und Taten
das Reich Gottes anbrechen lasse.

Dort fängt für mich der Himmel an.

III. Lied- und Bildbetrachtungen zur Advents- und Weihnachtszeit

»Befiehl dem Herrn deine Wege
und vertraue ihm ...«

26. »Kündet allen in der Not«

Liedbetrachtung (GL 221)

Das Thema Hoffnung durchzieht die meisten unserer Adventslieder. Viele stammen aus einer längst vergangenen Zeit und sprechen in einer fremd gewordenen Sprache zu uns. Oftmals wirken sie schwerfällig, manchmal rätselhaft. Gelegentlich ist von der Flucht aus dieser so elenden Welt die Rede oder vom bedrückenden Los des Todes, dem man nicht entrinnen kann. Letzte Rettung kommt nur von Gott, von ihm, der allem Elend ein Ende zu setzen vermag.

Anders das Lied »Kündet allen in der Not«: Sein Text wurde erst im Jahr 1971 verfasst. Es ist für heutige Menschen leicht verständlich, seine Melodie geht ins Ohr. Ein Hoffnungslied, bei dem die drückende Schwere der Last nicht schon allein durch die gewählte Tonart spürbar wird. Vielmehr weist es verspielt und freudig auf das hin, was im Refrain nach jeder Strophe wiederholt wird: Allen Menschen wird zuteil Gottes Heil. Das ist der Grund der Hoffnung und Freude!

(1. Strophe)

Wenn ich Not sehen möchte, muss ich nur das Haus verlassen und einen kurzen Spaziergang durch die Stadt unternehmen. Da begegne ich einigen Flüchtlingen, die vor dem Krieg ihre Heimat verlassen mussten und nun hier bei uns notdürftig untergekommen sind. Ich komme an der Armenküche vorbei, vor der tagtäglich eine Schar von Menschen auf eine warme Mahlzeit wartet. Ich treffe auf so viele mir unbekannte Personen, die auf den ersten Blick aussehen, als wären sie glücklich und zufrieden. Doch im Inneren tragen sie ihre Nöte mit sich: eine schwere Krankheit, die Trauer über den Verlust eines Menschen, seelische Ängste, Zwänge. Not ist etwas Alltägliches.

Ihnen, den Menschen in Not, uns allen, gilt die Botschaft: Gottes Heil wird uns zuteil.

(2. Strophe)

»Und vergib uns unsere Schuld«, beten wir im Vaterunser. Die Vergebung von Schuld, die Bekehrung hin zu Gott, ist eines der zentralen Themen in der Verkündigung Jesu. Die Menschen sollen sich von ihrem alten Leben, das so oft in Abhängigkeiten verstrickt war, lossagen. Wer mit Jesus gehen, wer mit ihm zu Gott gelangen will, der muss sein Leben neu ausrichten. Alles Unrecht, was bisher getan wurde, vergibt Gott. Er ermöglicht den Neubeginn. Weil er sich uns zuwendet und mit seinem Wohlwollen (nichts anders ist ja »Huld«) begegnet, dürfen wir uns ihm hingeben und unser Leben mit ihm an unserer Seite gestalten.

(3. Strophe)

Wasser aus Steinen? Das ist das Wunder, das Gott vor den Augen der Israeliten in der Wüste geschehen lässt. Mose schlägt mit seinem Stab an den Stein und es quillt frisches, lebendiges Wasser hervor. Gott selbst ist am Werk, um sein Volk auf seinem Weg durch die Durststrecken zu stärken. Was für Menschen unmöglich erscheint, sind Zeichen der überströmenden Gnade und Güte Gottes. Selbst dort, wo es kein Wasser gibt, wo das Land dürr und von der Sonne versengt ist, bricht das Leben hervor. Gott macht alles gut, seine Güte kennt keine Grenzen. Seine Liebe zum Leben übersteigt alle natürlichen Schranken.

(4. Strophe)

Gegensätze bestimmen das Bild: Blinde, die plötzlich sehen können; Stumme, die singen; Taube, die hören; Lahme, die umherspringen. Schon der alttestamentliche Prophet Jesaja greift gerne auf diese Kontrastbilder zurück. Für die Zukunft verheißt er eine prächtige Welt, in der alles anders, alles besser sein wird. Er verweist auf die Schöpferkraft Gottes, die all das vollbringen wird. Er spricht von einer Welt, in der Gott alles in allem sein wird. Solche fantastischen Dinge geschehen, als Jesus von Nazaret in Galiläa umherzieht. Es ereignet sich genau das, von dem Jesaja spricht. Was anderes also ist diese wunderbare Welt, als das Reich Gottes, in das einzutreten wir eingeladen sind?

(5. Strophe)

Der Traum von einer besseren Zukunft hat jeden Menschen schon einmal ereilt. Von dieser besseren Zukunft spricht die letzte Strophe des Liedes. Ein Leben ohne Not und Leid, ohne Angst und bedrückende Sorgen, ohne quälende Gedanken. Eine Welt, in der wir erlöst aussehen dürfen, weil wir wirklich erlöst sind von all dem, was so schlecht ist. Diese Welt kommt, wenn Gott kommt, wenn er in unsere Welt eintritt und wenn wir ihm Raum schaffen in unserem Leben. Wenn wir ihn aufnehmen in unsere Herzen und wirken lassen, damit wir schon heute am

Aufbau dieser neuen Welt beitragen. Denn sie kann schon heute Wirklichkeit werden, wo wir uns ganz und gar auf Gott einlassen und die Frohe Botschaft des Evangeliums durch uns lebendig wird. Dort beginnt das Reich Gottes schon heute.

Ja, es ist ein Hoffnungslied! Es spricht uns zu, was wir uns in Gedanken schon so lange ausmalen: Gottes Heil, das allen Menschen zuteil wird, von dem keiner – aber auch wirklich keiner – ausgeschlossen ist. Es gibt keinen Grund für Trübsinn oder Traurigkeit. Freudig dürfen wir all dem entgegengehen im festen Glauben, dass Gott alles gut machen wird.

27. »Du Kind, zu dieser heilgen Zeit«

Liedbetrachtung (GL 254)

Eigentümlich begegnet dieses Lied. Mehr österlich als weihnachtlich scheint es zu sein. Wenig hat es mit anderen Weihnachtsliedern gemein, die das Geschehen zu Betlehem besingen. Nicht mehr viel ist zu spüren von der Freude, die der Engel den Hirten verkündet. Vom Eifer, mit dem die Sterndeuter aus dem Osten herbeieilen. Stattdessen rückt eine andere Dimension in den Vordergrund: die von Ostern.

(1. Strophe)

Mitten in den grausamen Wirren des Naziregimes in Deutschland hat Jochen Klepper den Text dieses Liedes verfasst. Dort, wo glaubenden Menschen der Glaube verboten wurde, wo alle Hoffnung scheinbar erstorben war, schreibt er dieses Lied. Der Text freilich mutet seltsam an, weil er Weihnachten aus einer anderen Perspektive deutet, als es die meisten Menschen tun. Viele von uns erleben Weihnachten als frommes Fest, mit Geschenken, mit stimmungsvoller Musik. Wir freuen uns, dass Gott seinen Sohn in diese Welt geschickt hat, ja dass er selbst Mensch unter Menschen geworden ist. Und nur selten nehmen wir auch die andere Seite der Medaille wahr: dass Jesus vom Beginn seines irdischen Lebens an dem Leiden ausgesetzt war.

(2. und 3. Strophe)

Während die Welt in »Freudenhall« versinkt, Lieder mit »Fröhlichkeit«, »Jubel« und »Heiterkeit« singt, muss Gottes Sohn Mensch werden in einem »armen Stall«. Die Niedrigkeit des Kreuzes, die Schmach, die er am Ende seines Lebens zu erleiden hat, offenbart sich bereits bei der Geburt im Stall. Nicht bei den Königen der Welt, in den Palästen und Herrscherhäusern wird Gott Mensch, sondern dort, wo normalerweise das Vieh wohnt, wo Menschen nichts zu suchen haben. Da muss Maria völlig alleine mit ihrem Mann Josef die Schwierigkeiten der Geburt durchstehen. Und die Fragen der Eltern heute sind auch die Fragen der Maria damals: Wird das Kind überleben? Wird es unter diesen Bedingungen hier überhaupt die erste Nacht überstehen? Keine Hebamme ist zu Hilfe geeilt, die Geburt erfolgte nicht im hygienisch sauberen Kreißsaal in einem Krankenhaus. Vom ersten Atemzug an ist das Kind schon mit dem Tod konfrontiert. Das Grab gähnt schon vor der Krippe, es steht drohend immer im Blickfeld; das Schwert des bitteren Todes schwebt über dem Kind. Doch vom Elend der Heiligen Nacht, von den Sorgen der Eltern um ihr Kind, nehmen wir nur wenig wahr. Kein Weihnachtslied nimmt die Realität, wie sie im Stall von Betlehem war, wirklich in den Blick. Wir singen mit »Jubelliedern« vom »holden Knaben im lockigen Haar« und sind dabei »fröhlich und froh«. Das ist die eine Seite von Weihnachten: die Freude über die Geburt des Herrn, über das Kommen des Retters in unsere Welt. Die verlorene Menschheit erfährt endlich Erlösung, alles was darniederliegt wird wieder aufgerichtet. Wenn das kein Grund zur Freude ist! Aber es gibt eben auch die andere Seite, die von Leid und Elend, von quälenden Sorgen im Angesicht des Todes. Auch das ist Weihnachten. Und auch mit dieser Seite können sich viele Menschen heutzutage identifizieren. Menschen, die mit all der Freude und Fröhlichkeit momentan gar nichts anzufangen wissen, weil sie eben ähnliche Sorgen plagen, wie Maria und Josef. Oder weil auch sie den Tod vor Augen und alle Hoffnung bereits aufgegeben haben.

(4. Strophe)

Die letzte Strophe des Liedes weitet den Blick, lässt uns auf die Auferstehung schauen. Denn so wie Kreuz und Grab bereits an der Krippe spürbar und sichtbar sind, so strahlt auch der Ostermorgen im hellen Stern über dem Stall schon auf. Der Stern weist uns den Weg zur Krippe, hin zu Jesus. Er leuchtet über dem Elend, über den Sorgen der Maria und über dem drohenden Tod. Er strahlt über Kreuz und Grab. So zeigt sich an Weihnachten bereits die österliche Hoffnung, dass der Tod nicht das Letzte ist, dass aus allem Elend und aller Sorge in dieser Welt neues Leben erwächst. Der Stern weist den Weg zu Jesus: weil er der Weg ist, der uns zum Leben führt, durch den Tod hindurch. Weihnachten und Ostern gehören aufs Engste zusammen. Wie im Stall von Betlehem bereits die Einsamkeit von Golgota deutlich spürbar ist, rückt schon der Ostermorgen ins Blickfeld. Mit dem Kind von Betlehem dürfen wir alle Wege des Leidens mitgehen, dürfen wir auch im Anblick des Todes nicht verzagen, weil er unsere Hoffnung und unser Leben ist. Weil in seiner Menschwerdung Ostern bereits seinen Anfang genommen hat.

28. Giovanni di Paolo: Die Geburt Christi und die Verkündigung an die Hirten

Bildbetrachtung

Ein typisches Weihnachtsbild, das der italienische Maler Giovanni di Paolo im 15. Jahrhundert geschaffen hat. Eines von den unzähligen Darstellungen des Geschehens in Betlehem, wie wir sie schon zuhauf gesehen haben. Und eigentlich interessieren sie uns schon gar nicht mehr so richtig, weil es doch immer dasselbe ist: Maria, Josef, das Kind, Ochs und Esel, vielleicht noch ein paar Hirten und der Stern, natürlich der Stern. Nichts Neues unter der Sonne, um es mit dem alttestamentarischen Kohelet festzuhalten. Alles wie immer, nichts, was mich vom Hocker reißt. Eher kommt ein Gefühl von Langeweile auf. Denn was ich schon unzählige Male gesehen habe, begeistert mich irgendwann nicht mehr wirklich.

Ob sich auch Josef langweilt? Ob auch er von dem Geschehen, das sich da ereignet, genug hat und desinteressiert einnickt? So wirkt es zumindest. Ein schlafender Josef an der Krippe, der abgewandt an einem Baum lehnt. Vielleicht eine doch nicht so alltägliche Weihnachtsdarstellung? Nun gut, Desinteresse und Langeweile möchte ich dem heiligen Josef nicht unbedingt unterstellen. Dafür musste er schon zu viel mitmachen, für seine Frau und das Kind so viel auf sich nehmen: seine Verlobte, plötzlich schwanger – ohne sein Zutun. Ein Engel, der ihm im Traum erscheint. Sein großer Glaube, dass wirklich alles gottgewollt ist. Der weite und beschwerliche Weg von Nazaret hinauf nach Betlehem, das innere Ringen, das Fertigwerden mit dieser neuen, ungewohnten Situation. Und jetzt, als es endlich soweit ist, schläft er. Nein, Desinteresse kann man ihm wahrlich nicht unterstellen. Aber nachempfinden kann ich, wie Josef sich fühlt. Die letzten Tage und Stunden haben viel Kraft gekostet. Erst die lange Reise nach Betlehem, dann die mühevolle Suche nach einer Herberge und am Ende die schwierige Geburt des Kindes. Verständlich, dass selbst dem armen Josef irgendwann die Augen einfach zufallen. Die Kraft ist ihm ausgegangen, ausgelaugt und erschöpft sucht er eine kleine Erholung. Und so ist es, meine ich, ein zutiefst reales Bild, das di Paolo hier darstellt. Josef nicht putzmunter und sich rührend um Kind und Mutter sorgend, sondern schlafend und gezeichnet von den Anstrengungen der letzten Stunden. Menschlich ist das und vielleicht ein Stück näher am wirklichen Geschehen, wie es sich damals zugetragen hat, als viele andere Weihnachtsdarstellungen.

Noch etwas ist auffallend an diesem Gemälde: Die zwei Frauen am linken Rand passen nicht ins Bild. In den Evangelien sucht man vergeblich nach ihnen. Am ehesten fallen mir noch Maria und Marta ein, bei denen Jesus einmal zu Gast ist. Aber das ist eine andere Geschichte und hat mit Weihnachten eigentlich nicht viel zu tun. Irgendwie sind die beiden schon seltsam. Während die eine Dame sich etwas erschrocken zum Kind wendet und die Szene analysiert, blickt die andere Frau in die genau entgegengesetzte Richtung. Entweder hat sie nichts von alldem mitbekommen, was sich in ihrer unmittelbaren Umgebung abgespielt hat, oder es interessiert sie einfach nicht. Weil die erste Option nur schwer vorstellbar ist, scheint es das Desinteresse zu sein, das sie dem Schauplatz den Rücken zukehren lässt. Vielleicht ist das Prädikat »gelangweilt« am ehesten auf sie zutreffend, wenn schon nicht auf Josef, der seelenruhig schläft. Den Kopf in die Hand geschmiegt, auf einem Schemel oder dem Boden sitzend, mag sie kaum erwarten können, dass endlich etwas wirklich Spannendes geschieht. Vermutlich hat sie schon vor Längerem einen kurzen Blick in Richtung des Kindes geworfen. Sicher hat ihr die andere Frau voller Begeisterung mitgeteilt, was sich da ereignet. Doch der Dame im roten Gewand ist das alles nicht gut genug, nicht ausreichend interessant oder was auch immer. Sie richtet ihren Blick lieber hinaus in die Dunkelheit der Nacht. Vielleicht sucht sie dort etwas, das sie wirklich vom Hocker reißt.

Giovanni di Paolo hat keines der großen Werke geschaffen, das von Heiligkeit überströmt, in dem alle Beteiligten fromm und anbetend vor dem Kind stehen. Das Heilige freilich hat seinen Platz, das Besondere des Kindes wird auch dem deutlich, der nichts mit diesem Gemälde anzufangen weiß. Doch di Paolo hat ein Bild gemalt, in dem ich mich wiederfinde. Der vor Erschöpfung schlafende Josef, die beiden Frauen am linken Bildrand: Hier habe ich meinen Platz im Weihnachtsgeschehen, hier bin ich mittendrin. Hier darf ich ganz nah an Jesus sein, auch wenn mir manchmal die Kraft fehlt zum Beten, zum Meditieren, zum bewusst Wahrnehmen, was hier geschieht. Auch wenn mir wie Josef die Augen zufallen, weil der Tag wieder einmal lang und arbeitsreich war – ich darf teilnehmen an Weihnachten, in vorderster Reihe darf ich dabei sein. Oder wenn es mir wie der Frau ganz links ergeht, ich mich gelangweilt abwende und genug habe von dem, was da geschieht. Wenn ich (noch) nicht begreife, was sich in meiner Nähe ereignet, was für ein Kind das ist, das auf die Welt gekommen ist. Ganz nah bin ich dabei; Jesus weicht nicht von mir, er ist bei mir und ich bin bei ihm. Das ist das Wundervolle, was dieses Bild zum Ausdruck bringt. Egal, wie ich momentan auch verfasst bin, müde und erschöpft, betend und ergriffen, abgewandt und noch nicht begreifend: Ich bin Teil von Weihnachten, ich bin umfangen von seiner Liebe.

Bäume mit großen roten Blüten? Oder sind es Granatäpfel, die symbolisch für die Kirche stehen, für die Gemeinschaft aller glaubenden Menschen? Vielleicht sind es die Rosen, die an den dürren Bäumen aufblühen, wie wir es in einem unserer alten Adventslieder besingen. Der Baum ganz rechts zeigt Äste, die noch nicht blühen oder Früchte tragen. Aber auch er wird voll werden. Denn die Nähe zu Jesus, zum Kind in der Krippe verwandelt und verändert. Sie lässt erblühen, wo nur dürres Holz ist, auch mitten im Winter. Wer bei Jesus ist, der wird voll Leben, der wird von seiner Liebe verwandelt. Der darf aufblühen und reiche Früchte tragen.

29. Rembrandt van Rijn: Flucht nach Ägypten

Bildbetrachtung

Menschen auf der Flucht. Nein, wie sie der niederländische Barockkünstler Rembrandt gemalt hat, sehen sie nicht gerade aus. Sie reiten nicht auf dem Esel. Zu Fuß sind sie, höchstens ein Boot haben sie vielleicht besteigen müssen. Auch ihre Kleidung ist ein klein bisschen anders. Barfuß sind sie meistens nicht mehr und einen Wanderstab haben sie auch nicht dabei. Vieles aber von dem, was sie gerne mitgenommen hätten, haben sie daheim zurücklassen müssen. Gerade das Nötigste haben sie bei sich und allzu oft nur das, was sie am Leib tragen. So begegnen sie mir in den letzten Tagen und Wochen immer wieder. Menschen, jung und alt, Kinder und Erwachsene, Säuglinge und Alte, die ihre Heimat zurückgelassen haben. Als Flüchtlinge sind sie bei uns untergekommen, haben sie eine notdürftige Unterkunft gefunden. Doch oftmals ging es ihnen auch wie der Heiligen Familie: Die Tür blieb zu, Grenzzäune verhinderten das Weiterkommen. In der Herberge war kein Platz für sie und so bleibt manchmal nur ein alter, zerfallener Stall als Bleibe. Froh sind sie, überhaupt ein Dach über dem Kopf zu haben. Denn Krieg und Terror, gewaltsame Auseinandersetzungen und Unterdrückung haben sie verängstigt und innerlich klein gemacht. Flucht ist kein altes Thema, es ist uns so nahe wie schon lange nicht mehr.

Ein Mann, eine Frau, ein kleines Kind, ein Esel. Würde man den Titel des Bildes nicht kennen, man wüsste nicht auf Anhieb, welch dramatische Situation hier dargestellt ist. Es könnte auch die Wanderung von Betlehem hinauf in die Heimat nach Nazaret sein. Es könnte ein kleiner Familienausflug sein: wieder einmal Verwandte, die in der nahen Umgebung wohnen, besuchen. Oder ein kurzer Abstecher in die nahe gelegene Stadt Sepphoris, die nicht einmal 10 Kilometer von Nazaret entfernt lag. Vieles könnte es sein, durchaus auch romantische Züge tragen. Eine Wanderung mit dem Esel muss ja nicht immer sofort etwas Schlimmes bedeuten. Das Matthäusevangelium schildert die Fluchtsituation der Heiligen Familie auch recht lapidar. Ein einziger Satz: »Da stand Josef in der Nacht auf und floh mit dem Kind und dessen Mutter nach Ägypten« (Mt 2,14). Und den Grund für das Fliehen aus dem Gelobten Land liefert er gleich mit: »Herodes wird das Kind suchen, um es zu töten« (Mt 2,13). Nein, das ist wirklich kein Sonntagsausflug, auch wenn der Bericht des Evangeliums sich auf die notwendigsten Angaben beschränkt und in nüchternen Worten erzählt.

So recht wusste ich mit dieser Erzählung der Flucht nach Ägypten nie etwas anzufangen. Mag sein, dass die Situation für Jesus, den die Sterndeuter als neugeborenen König der Juden verehren, äußerst gefährlich war. Herodes duldete schließlich niemanden neben sich und ging sogar in der eigenen Familie über Leichen, nur um seine Machtposition abzusichern. Aber Flucht, dieses Wort war irgendwie inhaltsleer für mich, viel zu weit entfernt, fremd. Die Flucht der Heiligen Familie hat ja auch an Weihnachten keinen rechten Platz. Freilich wird sie in manchen Weihnachtskrippen dargestellt, aber die zentralen Szenen sind doch die Geburt Christi und die Anbetung durch die Sterndeuter. So rückt das Entkommen vor dem grausamen König Herodes ein bisschen an den Rand. Dadurch geht vielleicht auch etwas von der Dramatik des Geschehens verloren. Denn während man sich die Geburt in der Heiligen Nacht in allen möglichen Facetten schon einmal vorgestellt hat, wie nervenaufreibend es auf der Flucht zugegangen ist, mag man sich nicht ausdenken.

Seitdem der Strom an Menschen aus Syrien und den angrenzenden Ländern, die zu uns nach Europa kommen, nicht mehr abreißt, habe ich erfahren müssen, was Flucht bedeutet. Unzählige waren es, die ich seitdem gesehen habe: gerade das Nötigste dabei, Fremde hier in dieser ihrer neuen Heimat. Was sie zu erzählen haben von dem Land, aus dem sie kommen, ist schrecklich. Seitdem weiß ich, wie grausam die Flucht sein kann, wie gefährlich, aber auch wie hoffnungsvoll. Die Gesichter der Menschen, die eine solche riskante Reise hinter sich gebracht haben, sind mir nicht mehr unbekannt. Immer noch tragen sie ängstliche Züge, sind gezeichnet von der Schikane, die sie erleben mussten. Was sie angetrieben hat, trotz aller Gefahren die Flucht aus Krieg und Verfolgung auf sich zu nehmen? Die Lebensfeindlichkeit, die in ihrer Heimat herrschte, die Unterdrückung durch selbsternannte Gewaltherrscher. Aber auch die unsterbliche Hoffnung, hier in Europa ein neues Leben zu finden, hier endlich in Sicherheit sein zu können. Der Traum von der besseren Wirklichkeit – ob er für sie in Erfüllung gegangen ist? Ob ein Leben hier hinwegtröstet über den Verlust der Heimat und damit verbunden auch den Verlust der Familie, Freunde? Ich weiß es nicht.

Nun aber sind wir schon mittendrin in unserem Bild. Und nein, es ist nicht das Gemälde irgendeines bequemen Ausflugs oder Spazierganges, den die Familie hier unternimmt. Im Gesicht Marias erkenne ich die Gesichter so vieler Flüchtlinge, die mir in den letzten Wochen und Monaten begegnet sind. Der bepackte Esel erinnert mich an die Bilder der Menschen, die mit allen Mitteln versuchen, so viel als möglich aus ihrer alten Heimat mit hierher nach Europa zu retten. Nicht nur die drei Personen auf dem Bild wirken geknickt, selbst der Esel macht einen zutiefst betrübten Eindruck. Flucht und Vertreibung sind schreckliche Erfahrungen, den Tod unmittelbar vor Augen, doch Hoffnung und Perspektiven fest im Blick. Dieses Zwiespältige zeigt auch unser Bild: Bei aller Traurigkeit und allem Elend, das die Hauptpersonen zeichnet: Sie gehen ihren Weg im Licht. Die Dunkelheit, das Schwarz, das die obere Hälfte des Gemäldes dominiert, ist durchbrochen. Plötzlich ist da Licht. Die Straße ist hell, von Finsternis keine Spur. Aus dem Dunkel führt die Reise ins Licht. Aus der lebensbedrohlichen Situation in der Heimat hinein in eine neue, bessere Zukunft.

Flucht ist Last und Befreiung zugleich, vereint Trauer und Freude in einem. Und so ist auch Rembrandts »Flucht nach Ägypten« nicht ein Bild, das durch und durch düster ist. Es scheint diese beiden Aspekte in eins zu bringen und darzustellen. Vielleicht um uns zu zeigen, dass auch in so einer menschenverachtenden Erfahrung wie Flucht immer ein Stück Hoffnung mitschwingt, weil Gott selbst mitgeht.

30. Gislebertus: Traum der Könige

Bildbetrachtung

Bis heute ist es eine der großen Fragen unserer christlichen Geschichte, was es wohl mit den sonderbaren Gestalten auf sich hat, von denen das 2. Kapitel des Matthäusevangeliums erzählt. Magier, Sterndeuter aus dem Osten sind nach Jerusalem gekommen und suchen den neugeborenen

König der Juden. Mehr erfahren wir nicht über sie. Es ist weder die Rede davon, dass es Könige waren, noch erfahren wir ihre Namen oder ihre Anzahl. Rätselhaft bleiben die Personen, nur vage können wir uns ein Bild von ihnen machen. Doch weil die Menschen aller Zeiten kreativ waren und sich nicht mit dem zufrieden geben wollten, was die Bibel berichtet, haben sie eine Ausgestaltung erfahren. Im Laufe der Jahrhunderte wurden sie zu Königen aus dem Morgenland. Drei sollen es gewesen sein, Caspar, Melchior und Balthasar sind ihre Namen. Und glaubt man den Traditionen, kamen sie keineswegs nur aus dem Morgenland: Sie repräsentierten vielmehr die drei damals bekannten Kontinente Europa, Afrika und Asien. Bis heute ist deshalb in den meisten Weihnachtskrippen einer der Könige mit schwarzer Hautfarbe dargestellt.

Der Künstler Gislebertus, der das Säulenkapitell in der Kathedrale der französischen Stadt Autun irgendwann zwischen 1125 und 1135 aus dem Stein geschlagen hat, war sich hingegen seiner Sache sicher: Könige waren es. Mit Kronen stellt er sie dar, die sie nicht einmal zum Schlafen abnehmen. Prächtige und stolze Männer also, so wie wir sie in manchen Königshäusern zu finden vermuten. Da liegen sie nun, die drei, ihre Kronen auf den Häuptern, und schlafen. Von einem einzigen Mantel werden sie bedeckt, nur ein Kissen, nur ein Bett. Fast aneinandergekuschelt sind sie dargestellt, so eng nebeneinander schlafen sie. Irgendwie brüderlich vereint, friedlich beisammen. So wie drei gute Freunde, die nichts und niemand auf der Welt trennen kann, zwischen die nicht einmal ein Blatt Papier passt. Sie stecken unter einer Decke, ein Mantel reicht, um alle drei einzuhüllen und zu wärmen. Ein ungewöhnliches Bild für Könige. Man würde eher erwarten, dass jeder sein eigenes Bett dabei hat und in seinem eigenen Zelt schläft. Vielleicht war die Freundschaft zwischen den Dreien schon vor ihrer Reise so eng, dass ihnen das überhaupt nichts ausmacht, so eng beieinander zu schlafen. Vielleicht hat sie aber auch ihr gemeinsames Ziel vereint und zusammengeschweißt. Immerhin haben sie sich viel vorgenommen. Eine große und beschwerliche Reise liegt vor ihnen, was sie am Ende erwartet, ist ungewiss. Vielleicht ist es das, was sie verbindet.

Doch irgendwie irritiert das Bild auch. Denn mit der Darstellung des Matthäusevangeliums passt es nicht recht zusammen. Dort lesen wir, nach ihrem Besuch bei der Heiligen Familie habe ihnen ein Engel im Traum geboten, auf einem anderen Weg nach Hause zurückzukehren. Das Kind soll vor den grausamen Plänen des noch grausameren Königs

Herodes bewahrt werden. Gott greift durch seinen Engel ein und verhindert, dass dem Kind Schaden zugefügt wird. Hier aber, hier ist es anders. Es scheint, die dargestellte Szene spiele noch im Heimatland unserer drei Protagonisten. Ein Engel berührt einen der Könige an der Hand, woraufhin dieser erschrocken die Augen aufreißt. Was er zu sehen bekommt, ist der Bote Gottes, der auf den Stern deutet. Der Engel tut dies gerade so, als möchte er sagen: Schau hin, der Stern; ihm müsst ihr folgen! Das ist nicht der Moment, in dem die Könige vor der Rückreise zu Herodes gewarnt werden. Es ist vielmehr die Ersterweckung, der erste Hinweis auf das große Ereignis, das da geschehen ist. Von alleine wären sie dem Stern wahrscheinlich nie gefolgt, hätten ihm gar nicht so viel Beachtung geschenkt. Eine Himmelserscheinung wie so viele andere, ein heller Komet, der aufstrahlt, um wieder zu verglühen. Aus eigenem Antrieb hätten sich die Könige vielleicht nie auf die große Reise gemacht, dem Unbekannten entgegen. Der Engel Gottes ist es, so stellt es unser Bild dar, durch dessen Hand sie aufmerksam gemacht werden. Es ist Gott selbst, der sich einschaltet, der ihnen den Stern zeigt und damit den Weg weist. Den Weg zu Jesus, den Weg in eine Zukunft, die voller Leben und Liebe ist.

Der »Traum der Könige« – ob er sich nun ganz am Anfang oder schon am Ende des Weges hin zur Krippe ereignet, wundervoll bleibt er auf jeden Fall. Er ist ein besonderer, einzigartiger Traum, weil Gott selbst sein Ursprung ist. Ein Traum, der von einem besseren Leben erzählt, der Zukunft und Heilung verheißt. Ein Traum von einem Stern, der in aller Finsternis hell strahlt und selbst die dunkelsten Momente des Lebens erleuchtet. Ein wunderbarer Traum, den die Könige da träumen dürfen. Aber es ist nicht nur Einbildung. Der erste König liegt mit offenen, aufgerissenen Augen in seinem Bett und sieht sowohl den Engel als auch den Stern. Er bekommt reale Ereignisse zu Gesicht und nichts Fantastisches, das verschwindet, sobald man am Morgen erwacht. Denn der Traum der Könige wird Wirklichkeit, ereignet sich wahrhaftig in diesem ihrem Leben. Dem Hinweis des Engels gemäß folgen sie dem Stern – nicht im Traum, sondern ganz konkret. Und sie finden zu Jesus, zum Kind in der Krippe, und erkennen in ihm ihren Gott.

Vielleicht ist es egal, ob die Darstellung am Kapitell in der Kathedrale von Autun nun den bei Matthäus beschriebenen Traum zeigt oder einen anderen. Denn wichtiger scheint mir das zu sein, was der Engel den Königen da sagen will: »Seht Euch den Stern an! Folgt ihm, durch alle Widerstände und Widrigkeiten des Lebens hindurch. Wenn Ihr ihn einmal aus den Augen verliert, seid nicht traurig, wendet Euren Blick nicht vom Himmel ab. Und seid gewiss: Er wird Euch zum Licht führen, er wird Euer Leben hell machen, auch da, wo Ihr nicht daran glaubt. Er wird Euch zu einem führen, der ist ein Kind in einer Krippe liegend, aber er ist Gott. In ihm werdet Ihr das finden, was Euer Leben voll macht, in ihm werdet Ihr Leben finden, Leben selbst im Tod!«

IV. Schriftmeditationen

»Nach dir sehne ich mich, der du mein Leben hell machst«

31. Tage der Adventszeit

Montag der 1. Adventswoche (Jes 2,1–5)

An jenem Tag wird uns Wunderbares
widerfahren, wenn Gott in dieser Welt
sein Reich aufrichtet – allen irdischen
Staaten ist dann ein Ende gesetzt.

Keiner kann mehr Land vom anderen
rauben, mit Panzern und schwerem
Geschütz Menschen töten – weil es
der eigene Expansionstrieb verlangt.

Und es braucht keiner mehr Angst
zu haben vor der Gewalt des Feindes
und seinem Aufbegehren – Rivalen
gibt es nicht mehr, nur noch Freunde.

Friede ist keine leere Worthülse,
gebraucht, um doch nicht umgesetzt
zu werden – Friede ist Wirklichkeit
an jenem Tag in Gottes Welt.

Dienstag der 1. Adventswoche (Jes 11,1–10)

Gott, der die Gegensätze vereint,
Widersprüche in Einklang bringt,
alle Differenzen überwindet.

Gott, der in das Menschenherz schaut,
nicht das kleinste Korn des Staubs verborgen ist
dem, der das heimliche Weinen des Menschen hört.

Gott, der Wolf und Lamm miteinander spielen lässt,
Kalb und Löwe gemeinsam weidet,
weil sie das Böse nicht mehr kennen.

Gott, der uns an sich ziehen will,
damit wir in ihm unseren Lebenssinn
und das Ziel unseres Daseins finden.

Mittwoch der 1. Adventswoche (Jes 25,6–10a)

Mag schon sein, dass uns nicht alles
gut genug vorkommt, dass wir Besseres
und Schöneres erwartet hätten.
Ein prächtigeres Leben.

Mag schon sein, dass wir uns nicht mit
dem zufrieden geben, was uns aufgetischt
und kredenzt wird.
Jedem schmeckt es nicht.

Mag schon sein, dass wir uns nach mehr
sehnen, das Größere erwarten und von
der Erfüllung unserer Wünsche träumen.
Ausbrechen aus den Grenzen.

Mag schon sein, dass da einer kommt,
der uns einen Platz an seinem Tisch zuweist,
uns einlädt, an seinem Mahl teilzunehmen.
Ob Brot und Wein da genügen?

Donnerstag der 1. Adventswoche (Jes 26,1–6)

Auf Gott habe ich mich schon oft verlassen
in Situationen, in denen das Leben mir
schwerfiel und ich Halt suchte bei einem,
der felsenfest steht.
Er hat mir geholfen, dass ich in meiner
Verzweiflung nicht aufgegangen bin.

Menschen in der größten Armseligkeit
plagen die Sorgen, nicht ein noch aus
wissen sie und suchen und suchen und
finden doch keinen Beistand.

Er ist da, wenn wir nach ihm rufend
unsere Hände ihm entgegenstrecken.

Er schafft alle Qual beiseite, vernichtet
die drückende Bürde, heilt die Wunden.
Wenn alles schwindet, Freundschaften
zerbrechen, das Leben sinnlos erscheint:
Auf Ihn ist Verlass, weil er für uns Menschen
bis zum Äußersten geht.

Freitag der 1. Adventswoche (Jes 29,17–24)

Taube Ohren:
Die Schreie des Nächsten?
Hören sie nicht.

Blinde Augen:
Das Leid des Zeitgenossen?
Sehen sie nicht.

Stummer Mund:
Schreien wo Unrecht geschieht?
Redet nicht.

An jenem Tag, wenn Gott in die Welt kommt:

Offene Ohren:
Hören den Hilferuf des Nachbarn,
vernehmen sein Flehen.

Sehende Augen:
Erblicken die Not des Mitmenschen,
erkennen seine Hilfsbedürftigkeit.

Sprechender Mund:
Erhebt laut die Stimme, wenn Gewalt geschieht,
ein Liebeslied auf den Lippen.

An jenem Tag, wenn Gott in die Welt kommt.

Samstag der 1. Adventswoche (Jes 30,19–21.23–26)

Vor dir habe ich geweint,
der ich einen lieben Menschen verloren habe,
und mich in meiner Trauer
nach einer Umarmung sehne.

Vor dir habe ich geweint,
der mich Sorgen und Ängste quälen,
und ich eine Schulter zum Anlehnen
in meiner Unsicherheit brauche.

Vor dir habe ich geweint,
der ich keine Zukunft mehr sah
und nach einem verlangte, der mir ein
Hoffnungswort zuspricht.

Vor dir darf ich weinen,
der ich weiß, dass du
meine Tränen trocknest.

Vor dir darf ich klagen,
der ich gewiss bin, dass du
mein Stöhnen hörst.

Vor dir darf ich Mensch sein,
der ich spüre, dass du
Mensch wirst für mich.

Montag der 2. Adventswoche (Jes 35,1–10)

Als du den Menschen ins Dasein rufst, Gott,
ahntest du wohl, dass er einst die Stimme
erheben würde, um aus seiner Ausweglosigkeit
zu dir zu rufen?

Wusstest du schon, dass die Augen des Menschen
einst blind würden, seine Ohren taub,
das, was du gut erschaffen hast, ins Gegenteil
verkehrt und zugrunde gerichtet?

Wir Menschen verlangten schon immer nach dir,
gerade dann, wenn wir keinen Ausweg aus der
Misere mehr sahen und von unsrer eignen Kraft
keine Rettung mehr erhofften.

Und du, Gott, hast du nicht auch seit Anbeginn
das Heil für unser gebrochenes Leben, einen neuen
Anfang, eine Welt, in der alles so ist, wie du es
einst sehr gut erschaffen hast?

Gott, wir erwarten dich, sehnen uns nach deiner
Gegenwart, die diese Welt verändern kann.
Furchtlos unseren Alltag bestreiten, weil wir
dich schon fest im Blick haben.

Dienstag der 2. Adventswoche (Jes 40,1–11)

War ein Volk, das eingesperrt lebte,
weit entfernt von der geliebten Heimat,
als Fronarbeiter eines verhassten Herrschers.

War die unauslöschliche Hoffnung,
wieder zurückkehren zu dürfen in die heilige
Stadt, in der Gott selbst Wohnung nahm.

War ein Mann, der auftrat in prophetischen
Worten, verhieß eine Zukunft, die Trost
spendete und Freude erregte.

War ein Gott, der die Klage der Menschen
hörte, wenn sie an den Strömen des fernen
Babylons Lieder anstimmten vom Zion.

War die Befreiung aus der Gefangenschaft,
die Rückkehr in das verheißene Land,
der Dank an Gott, der das vollbracht.

Mittwoch der 2. Adventswoche (Jes 40,25–31)

Groß ist Gott
und wir Menschen klein.

Heilig ist Gott
und wir Menschen schuldig.

Mächtig ist Gott
und wir Menschen schwach.

Ewig ist Gott
und wir Menschen endlich.

Klein wird Gott,
damit wir groß werden.

Zerbrechlich wird Gott,
damit wir stark werden.

Erschöpft wird Gott,
damit wir kräftig werden.

Mensch wird Gott,
damit wir Ihm ähnlich werden.

Donnerstag der 2. Adventswoche (Jes 41,13–20)

Wem hat sie noch nicht zu schaffen gemacht,
die Dürre des Lebens,
die Trockenheit des Alltags?

Viel zu oft begegnet sie uns,
keine Quelle, die frisch sprudelt,
nichts benetzt die Öde.

Kahle Hügel, ausgetrocknete Flussläufe,
sengende Hitze, nur Steine und Sand:
unsere Lebenswüste.

Wie belebend klingen da die Worte
von einem Gott, der die Wüste zur Oase
wandelt, Leben gedeihen lässt.

Selbst auf den kahlen Hügeln brechen
Ströme lebendigen Wassers hervor,
die den Durst stillen, Erfrischung gewähren.

In unser wüstes Leben kommt Gott,
verwandelt unseren ausgetrockneten Alltag,
damit wir neu aufblühen und wachsen.

Freitag der 2. Adventswoche (Jes 48,17–19)

Was den Israeliten wohl in den Sinn kam,
als sie aus Gold ein Kalb machten und
dieses zu ihrem Gott erhoben.

Vielleicht war es Enttäuschung, die sich
unter ihnen breitmachte – mehr hatten
sie sich von diesem Gott erhofft.

Vielleicht war es Verbitterung, die sie
ergriff, weil sie das Schweigen ihres Gottes
nicht mehr aushalten konnten.

Vielleicht war es der Versuch, einen eigenen
Gott zu schaffen, der sich nach ihren Wünschen
verhält und dem *sie* Gebote auferlegen.

Was uns wohl in den Sinn kommt,
wenn wir uns Götzen erschaffen, die den
Platz Gottes einnehmen und ihn vertreiben?

Vielleicht ist auch unsere Hoffnung größer,
vielleicht halten wir das Schweigen Gottes nicht aus,
vielleicht wollen wir einen, der nach unsrer Pfeife tanzt.

Die Bibel lehrt uns, dass solches nie gut geht;
vom Menschen Gemachtes ist immer nur Spiegelbild
seiner selbst, seiner Endlichkeit.

So spricht der Herr, dein Erlöser:
Ich bin der Herr, dein Gott,
der dich lehrt, was Nutzen bringt,
und der dich auf dem Weg führt,
den du gehen sollst.

Samstag der 2. Adventswoche (Sir 48,1–4.9–11)

Elija,
mit gewaltigen Worten
zog er die Menschen in seinen Bann,
ein Bote Gottes.

Gott
nahm ihn auf in die Himmel,
nicht gestorben,
auf ewig Gottes.

Wiederkommen
wird der große Prophet;
wir harren seiner Ankunft,
voll der Erwartung.

Aufzurichten
das Reich des Ewigen,
der selbst das Leben ist,
Leben der Welt.

Montag der 3. Adventswoche (Num 24,2–7.15–17a)

Die ganze Geschichte des Volkes Israel
stand vom Beginn seines Daseins
unter dem Zeichen der Verheißung.

Zunächst war es die Verheißung des
Gelobten Landes, in das einzuziehen
dem gequälten Israel versprochen war.

Dann war es die Verheißung der
Errettung aus dem fernen Land Babel,
das Israel ins Exil zwang.

Später war es die Verheißung des
kommenden Messias, der alles Übel
wegnimmt und die neue Welt errichtet.

Eindeutig äußert sich der Prophet Bileam
über das Eintreffen dieses verheißenen
Retters nicht. Nur Stern und Zepter.

Er verweist auf das wahre Licht, das die
Menschen in aller Finsternis erleuchtet,
und den wahren Herrscher der Himmel.

Hinter dem nicht immer ganz so Eindeutigen
Gott finden – vielleicht ist er überhaupt
nur dort zu entdecken.

Dienstag der 3. Adventswoche (Zef 3,1–2.9.13)

Du trotzige,
du schmutzige,
du gewalttätige –
wahrlich keine liebkosenden Worte
für die so hochgeschätzte Stadt,
für die Angebetete: Jerusalem.

Ein Bild längst vergangener Zeiten?
Vielleicht eine Momentaufnahme
der verehrten Heiligen Stadt,
wie sie in immer neu aufflammenden
Konflikten so viel von ihrer Schönheit
einbüßt?

Die Worte des Herrn kann sie nicht
mehr vernehmen – im Geschrei der
sich bekämpfenden Banden geht
die Botschaft Gottes unter. Oder
sie wird zurechtgebogen, wie sie eben
gerade passend erscheint.

Jerusalem, die Geliebte, wird in
neuem Glanz aufleuchten, alle Fehde
beendet, Hass überwunden sein –
du friedliche,
du versöhnliche,
du heilige.

Mittwoch der 3. Adventswoche (Jes 45,6b–8.18.21b–25)

Wendet Euren Blick zum Himmel,
auch wenn er von dunklen Wolken
bedeckt und undurchsichtig ist!

Von dort wird uns Gerechtigkeit
kommen, das Heil der ganzen Welt
seinen Anfang nehmen.

Tau von oben, neues Leben aus der
Erde hervorbrechend, aus der
Finsternis strahlendes Licht.

Richtet die Augen nach oben!
Frohgemut erwartet das Kommen
des Höchsten!

Der Eine und Einzige, Verehrung und
Anbetung wird ihm zuteil. Mensch
wird er, um uns zu erlösen.

Donnerstag der 3. Adventswoche (Jes 54,1–10)

Brich in Jubel aus,
du Kümmerliche,
die nie ein Kind
in ihrem Leib trug.

Zahlreiche Kinder
wird die Vereinsamte haben,
mehr Nachkommen
als die Braut.

Sie muss nicht mehr
in Scham versinken,
den Schleier wegen
ihrer Makel tragen.

Ihre Witwenschaft,
ein Ende gefunden hat sie;
der Bräutigam: verstoßen
hat er sie nicht auf ewig.

Wieder zugewandt
seiner Frau, die Geliebte,
wieder in sein Herz geschlossen:
Erbarmen mit der Betrübten.

Freitag der 3. Adventswoche (Jes 56,1–3a.6–8)

Bald wird Gott
kommen
und die Erde
voll Freude
sein.

Bald wird Gott
erscheinen,
um Gerechtigkeit
werden zu lassen,
wo Unrecht geschieht.

Bald wird Gott
eintreffen,
um zu versammeln
das Volk, das seinen
Namen trägt.

Bald wird Gott
eintreten
in die Welt und
in ihr die neue Welt
anbrechen lassen.

17. Dezember (Gen 49,1–2.8.10)

Könige und Herrscher,
die ihre Macht ausnutzen,
um die Menschen zu unterdrücken
– die gibt es damals wie heute.

Könige und Herrscher,
die nicht das Wohl ihrer Untertanen,
sondern nur den eigenen Erfolg
im Blick haben.

Könige und Herrscher,
die in den Palästen dieser Welt
thronen und niemals das harte Leben
in der Wirklichkeit erfahren mussten.

Ganz anders unser König:
Wir erwarten ihn in dieser heiligen Zeit,
voll der Freude und Zuversicht schauen
wir aus nach ihm.

Er ist ein König und Herrscher,
der sich herablässt in die Niedrigkeit
der Menschen und ihre Wege mitgeht,
bis hinein in die dunkle Nacht.

Er ist unser König,
der alle Machtverhältnisse umkehrt,
der in unsere Welt kommt,
nicht, um bedient zu werden.

Sondern, um zu dienen.

18. Dezember (Jer 23,5–8)

Ungemein groß ist das Verlangen,
endlich gerecht behandelt zu werden
und Gerechtigkeit zu erfahren.

Viel zu häufig erleben wir das Gegenteil
am eigenen Leib: Menschen, die sich selbst
über das Gesetz stellen, falsch urteilend.

Sie machen ihre eigenen Gesetze und
entziehen sich der allgemeinen Gerichtsbarkeit,
unter der alle Menschen stehen.

Anders ist der König, den der
Prophet Jeremia seinem Volk Israel
verheißt und ankündigt.

Er wird wahrlich für Recht und Gerechtigkeit
sorgen, sein Name ist Programm,
sein Urteil richtig.

Das Wunschdenken von einer Welt,
in der jeder das ihm zustehende Recht
bekommt, wird wahr, ist Wirklichkeit.

19. Dezember (Ri 13,2–7.24–25a)

Können wir verstehen,
was geschieht,
wenn Gott mitten ins
Leben einbricht?

Können wir fassen,
welche große Gnade
den Menschen zuteil wird,
die Gott sich auserwählt?

Wer von ihm gerufen ist,
der ist auserkoren vom
Anbeginn seines Daseins
Gottes Eigentum.

Der ist voll des Geistes,
der ihm die Wege weist,
aus dessen Fülle er
lebt und redet.

Können wir erfassen,
wie Gott in unserem Leben
wirkt und es lenkt?
Nur glauben können wir.

20. Dezember (Jes 7,10–14)

Immanuel
ist der Gott, der mit uns geht,
uns auf allen Wegen begleitet,
immer an unsrer Seite steht.

Immanuel
heißt der Gott, der unser Leben teilt,
der alle Facetten unseres Daseins kennt:
Angst und Not, Freud und Leid.

Immanuel
ist kein fremder Gott, der im Himmel thront,
nicht weiß, was es mit unserer Menschlichkeit
auf sich hat, weil er weit entfernt von uns wohnt.

Immanuel
heißt der größte Liebesbeweis unseres Gottes,
der sich herabbeugt in unsere Tiefe,
um uns Menschen in seine Göttlichkeit zu ziehen.

Immanuel
ist die Zusage Gottes an uns:
Mensch, du bist wertvoll.
Mensch, du bist von mir geliebt.

21. Dezember (Hld 2,8–14)

Das Mädchen erwartet den Geliebten,
sehnsüchtig hält sie Ausschau nach ihm,
kann seine Ankunft gar nicht erwarten,
ihn endlich wieder in den Armen zu halten.

Flehentlich hält das Volk Israel
Ausschau nach dem Messias,
voll der Erwartung,
ihn in seiner Mitte willkommen zu heißen.

Ungeduldig halten wir
Ausschau nach Weihnachten,
den Gott unter uns zu grüßen,
der uns entgegenkommt.

Schon hören wir ihn, den Geliebten,
von Ferne sehen wir ihn springen,
Berge und Hügel überschreitend,
erahnen können wir schon seit Antlitz.

Jetzt heißt es aufzustehen,
sich hübsch zu machen
und ihm voll Freude
entgegenzugehen.

Denn vorbei ist die Zeit der Sehnsucht,
verflogen ist die triste Zeit des Winters,
verrauscht ist die Zeit des Regens:
jetzt ist Erfüllung.

22. Dezember (1 Sam 1,24–48)

In dir, Gott, bin ich neu geboren
geworden zu deinem Kind im Bad
der Taufe.

Rufen darf ich dich als meinen
Vater, der mich auserkoren, als ich
noch im Schoß der Mutter.

Dein besonders Eigentum ist
mein Leben, das ich dir allein zu
verdanken habe.

Dir will ich gehören, in dir mich
entfalten und aus dir meine
Lebenskraft schöpfen.

23. Dezember (Mal 3,1–4.23–24)

Der mit reinem Herzen lebt,
wird den Tag ertragen,
an dem der Herr kommt.

Der bereit ist für seine Ankunft,
der Frieden schafft für die Welt,
der demütig und barmherzig handelt.

Der ihm freudig entgegengeht,
der wachsam Ausschau hält,
der voll der Erwartung ist.

Der weiß, dass Gott über sein
Tun und Handeln Gericht halten
wird, wie geschrieben steht.

Wenn der Sündige sich nicht bekehrt,
dem Notleidenden keine Liebe erweist,
sein Herz nicht zu ihm wendet.

Denn Gott will nicht richten und verurteilen,
will die Menschen retten und lieben,
sich dem Reumütigen erbarmen.

24. Dezember (Lk 1,67–79)

Der kürzeste Tag des Jahres
ist schon vorüber,
wieder länger werden die Tage,
kürzer die Nächte.

Noch hegen wir
die Sehnsucht nach Licht,
nach ihm,
der die Finsternis erhellt.

Nach Licht in
unserem grauen Alltag,
nach dem Glanz seiner Herrlichkeit
in unserm Leben.

Suchen wir nach dem Licht
das aufgeht und strahlt,
dem Stern, der den Weg
zum Licht weist.

32. Tage der Weihnachtszeit

Weihnachten – In der Heiligen Nacht (Lk 2,1–14)

Weil kein Platz war im Gästehaus,
mussten die werdenden Eltern
Herberge nehmen im Stall.

Weil kein Platz war unter den feinen Herren,
fand der Sohn des einzigen Gottes
seinen Liegeplatz in einem Futtertrog.

Weil kein Platz war in der Familie,
leben Menschen hinausgeworfen,
unliebsame Gäste irgendwo alleine.

Weil kein Platz war in dieser Welt,
wurde Weihnachten zum Fest für die,
denen die Bleibe verwehrt blieb.

Wurde Weihnachten zum Freudenfest
für die am Rand der Gesellschaft Lebenden:
Denn der Stern verheißt Zukunft und Hoffnung.

Weihnachten – Am Tag (Joh 1,1–18)

Worte
verletzen
enttäuschen
kränken
ängstigen
demütigen
beleidigen

Worte
heilen
richten auf
schaffen Hoffnung
ermutigen
bestärken
bauen auf

Worte
der Liebe
des Glaubens
der Hoffnung
werden fassbar
greifbar
sichtbar

das Wort
wird Mensch

26. Dezember – Heiliger Stephanus (Apg 6,8–10; 7,54–60)

Dass Gott die Himmel aufreißen möge,
haben wir in einem Adventslied
gesungen.

Stephanus wird die Gnade zuteil,
im Augenblick seines grausamen Todes
den Himmel offen zu sehen.

An Weihnachten ist uns
der Himmel aufgerissen
und Gott in die Welt gekommen.

Bemühen wir uns Tag für Tag,
den Himmel offen zu halten
für alle Menschen.

27. Dezember – Heiliger Johannes (1 Joh 1,1–4)

Johannes verkündet in seinem Evangelium
nicht irgendeine selbsterdachte Maxime
oder seinen eigenen Standpunkt, sondern
das Wort des Lebens.

Johannes schreibt nicht, um sich selbst
in Szene zu setzen und zu präsentieren,
weil die Botschaft, die er auszurichten hat,
größer ist als er selber.

Johannes berichtet von dem,
was er selbst gehört und gesehen hat,
die Taten und Worte dessen,
der Gottes Sohn ist.

Johannes verheißt uns,
dass unser Leben einen Sinn hat,
auch im Tod nicht vergeht,
weil er Leben in Fülle ist.

28. Dezember – Unschuldige Kinder (Mt 2,13–18)

Unschuldige Kinder,
jeden Tag neu leiden sie Hunger,
weil es nicht genügend zu essen gibt.

Unschuldige Kinder
werden von klein auf für den Krieg trainiert,
weil die Gewalt vor ihnen nicht Halt macht.

Unschuldige Kinder
erfahren Streit und Hass in den Familien,
weil Eltern keine Rücksicht auf sie nehmen.

Unschuldige Kinder
wachsen in einem unmenschlichen Umfeld auf,
weil sie keinen haben, der ihnen Liebe schenkt.

Unschuldigen Kindern
bleibt selbst das Leben verwehrt,
weil sie schon im Mutterleib getötet werden.

Unschuldige Kinder,
denen Gottes ganze Liebe und Nähe gilt,
weil er selbst Kind geworden ist.

29. Dezember – 5. Tag der Weihnachtsoktav (Lk 2,22–35)

Licht
leuchtet in
der dunklen Welt
voll Finsternis, Schatten, Tod:
Jesus.

Licht
bringt Leben
in unsere Welt
voll Lebensfeindlichkeit, Feindschaft, Eifersucht:
Jesus.

Licht
schenkt Hoffnung
für unsere Welt
ohne Perspektiven, Aussichten, Zukunft:
Jesus.

Licht
erstrahlt hell
über dem Stall,
wird Mensch für uns:
Jesus.

30. Dezember – 6. Tag der Weihnachtsoktav (1 Joh 2,12–17)

Schnell gesprochen ist das Wort:
Ich liebe.
Doch es lebendig werden zu lassen,
ist umso schwerer.

Schnell geliebt sind die Dinge
dieser Welt.
Reichtum, Besitz, Eigentum,
materielle Werte.

Schnell gehören sie an der
Vergangenheit.
Nichts ist übrig von ihnen,
weg sind sie, wie tauender Schnee.

Die Liebe zu Gott dürfen
wir auskosten.
Sie bleibt in Ewigkeit und
schenkt unserem Dasein Bestand.

Wer sein Leben in diese Liebe
stellt und sie weitergibt
an den Nächsten,
der tut den Willen Gottes.

31. Dezember – 7. Tag der Weihnachtsoktav (Joh 1,1–18)

Kerzen und Lichter
in Wohnungen und Häusern,
hell erleuchtet
die Straßen der Stadt.

Vier Kerzen,
entzündet am Kranz,
Woche für Woche,
erwartend den Herrn.

Ein Stern,
strahlend über der Krippe,
erleuchtet in der Finsternis
den Weg zum Kind.

Nur Hinweis die Lichter,
auf das einzig wahre Licht,
dessen Glanz
sogar den Tod erhellt.

02. Januar (Joh 1,19–28)

Als die Juden
Johannes zu ihrem Messias machen wollen,
wehrt er heftigst ab.

Er weiß um seine Rolle,
die ihm in der Geschichte Gottes
mit den Menschen zukommt.

Er ist nicht selbst Heilbringer,
sondern nur Abgesandter eines Größeren,
der nach ihm kommt.

Er stellt sich nicht eigenmächtig
in den Mittelpunkt des Geschehens:
Der Schüler steht doch nicht über dem Meister!

Und er, den er ankündigt?
Er steht schon mitten unter uns in dieser Welt.
Er ist der, den wir nicht auf Anhieb erkennen.

Der still und heimlich in unseren Alltag kommt,
den wir dort entdecken und treffen können,
wo die Liebe Hand und Fuß bekommt.

03. Januar (1 Joh 2,29–3,6)

Auch in unserer Welt leben Menschen,
die Gott nicht erkannt haben.

Wer braucht diesen Gott schon noch?
Ohne Gott leben ist viel spannender.

Die Welt hat Gott nicht erkannt.
Kann schon sein. –

Doch nun sind die Künder seiner
Frohbotschaft an der Reihe,

zu berichten von seiner Liebe,
zu erzählen von seiner Güte und Barmherzigkeit,

denn jeden, der sich ihm nicht verschließt,
der ihm in seinem Herzen Raum schafft,

zählt er zu seinen
Söhnen und Töchtern.

04. Januar (Joh 1,35–42)

Kommt und seht
die Hirten, die von ihren Herden eilen.

Kommt und seht
die Sterndeuter, die ins Ungewisse aufbrechen.

Kommt und seht
die Kranken, deren Glaube alle Plage überwindet.

Kommt und seht
die Menschen, die alles hinter sich lassen und ihm folgen.

Kommt und seht
die Boten, die das Evangelium in der ganzen Welt verkünden.

Kommt und seht
den Stall, den Ort aller Verlassenheit und Einsamkeit.

Kommt und seht
die Krippe, in der die Geschichte Gottes mit uns einen neuen Anfang nahm.

Kommt und seht
den Sohn Gottes, der Himmel und Erde in Bewegung zu setzen vermag.

Kommt und seht
was geschieht, wenn Gott in diese Welt kommt.

05. Januar (1 Joh 3,11–21)

Weil Gott die Liebe ist
und wenn wir seine Botschaft
in dieser Welt lebendig werden
lassen wollen –
was können wir anderes tun
als lieben?

Die, die uns Gutes tun und uns stützen;
die, die uns in Freundschaft verbunden sind;
die, die uns ihre Liebe schenken;
die, die uns sympathisch sind und mit denen wir gut auskommen;
die, die uns freundlich begegnen, ein Lächeln auf den Lippen;

die, die wir nicht mögen, die uns Steine in den Weg legen;
die, die uns nicht wohlgesonnen sind;
die, die uns als ihre Feinde betrachten;
die, die uns noch nie leiden konnten, mit denen wir fertig sind;
die, die mürrisch sind, ablehnend und unfreundlich.

Denn das Reich Gottes kann
doch nur dort Wirklichkeit werden,
wo wir die Liebe
ungeteilt weitergeben,
die uns Gott selbst
schenkt.

Bildnachweis

I. Gottesdienstmodelle für die Adventszeit

- Engel verkünden den Hirten Jesu Geburt, © Thinkstock.com, Jorisvo
- Barbarazweige, © Fotolia.com, Studio KIVI
- Geburtsgrotte, © kna-Bild, Wolfgang Radtke
- Wüste, © Fabian Brand

II. Gottesdienstmodelle für die Weihnachtszeit

- Anbetung der Könige, © Thinkstock.com, Jorisvo

III. Lied- und Bildbetrachtungen

- Flucht nach Ägypten, © Thinkstock.com, Jorisvo
- Giovanni di Paolo: Die Geburt Christi und die Verkündigung an die Hirten, 15. Jh., 38,8 × 45,7 cm, Tempera auf Holz, Pinacoteca in Rom (Vatikan)
- Rembrandt van Rijn: Flucht nach Ägypten, 1625, 26 × 24 cm, Öl auf Holz, Musée des Beaux-Arts in Tours
- Gislebertus: Traum der Könige, 12. Jh., Kapitell der Kathedrale von Autun

IV. Schriftmeditationen

- Jesus inmitten der Schriftgelehrten, © Thinkstock.com, Jorisvo

In wenigen Fällen ist es uns trotz großer Mühen nicht gelungen, alle Inhaber von Urheberrechten und Leistungsschutzrechten zu ermitteln. Da berechtigte Ansprüche selbstverständlich abgegolten werden, ist der Verlag für Hinweise dankbar.